96岁的妈妈和72 …… 书

엄마, 나 또 올게

有一天，妈妈老了 插画版

[韩]洪荣女 [韩]黄安娜◎著
邢心秀◎译

北京理工大学出版社
BEIJING INSTITUTE OF TECHNOLOGY PRESS

图书在版编目（CIP）数据

有一天，妈妈老了：插画版 /（韩）洪荣女，（韩）黄安娜著；邢心秀译. —北京：北京理工大学出版社，2014.5（2023.5重印）

ISBN 978-7-5640-9055-5

Ⅰ. ①有… Ⅱ. ①洪… ②黄… ③邢… Ⅲ. ①日记－作品集－韩国－现代 Ⅳ. ①I312.665

中国版本图书馆CIP数据核字（2014）第062688号

出版发行 / 北京理工大学出版社有限责任公司
社　　址 / 北京市海淀区中关村南大街 5 号
邮　　编 / 100081
电　　话 /（010）68914775（总编室）
　　　　　82562903（教材售后服务热线）
　　　　　68948351（其他图书服务热线）
网　　址 / http://www.bitpress.com.cn
经　　销 / 全国各地新华书店
印　　刷 / 三河市金元印装有限公司
开　　本 / 889 毫米 × 1194 毫米　1/32
印　　张 / 8
字　　数 / 165 千字
版　　次 / 2014 年 5 月第 1 版　2023 年 5 月第 11 次印刷
定　　价 / 28.00 元

责任编辑 / 徐春英
文案编辑 / 王　彤
责任校对 / 周瑞红
责任印制 / 边心超

图书出现印装质量问题，请拨打售后服务热线，本社负责调换

写下这些文字的时候，妈妈已经静静地去了。

妈妈，当我自己感受到心里的空荡荡时。

才体会到当初您的感受。

你也是自己么？别在这里了，回到你的草丛去吧。

“妈妈，我还会再来看你的。”

——妈妈这辈子，就是因了这句话，一直在等待着。

很多时光，在妈妈等电话响起的时候，悄悄溜走了。

给妈妈买的新冰箱，她用了一年，就去世了。

有些事，我们早做该多好。

樱花随风飘落，好像下了一场樱花雨。

我们真正读懂妈妈的时候，已经太迟了。

我们那么傻，总以为还有很多时间，可以一直陪着妈妈走下去。

其实，某一天，妈妈已经老了。她需要你的肩膀靠一下。

在我来不及反应的时候，岁月已经匆匆走过。

在变故和死亡面前，我们还是一如既往的惊慌失措。

经过菜地时，我看到了妈妈的身影；

经过篱笆时，我看到了妈妈的身影；

到处都是妈妈的身影……

妈妈，你做的饭我还没吃够……

旅行的脚步再怎么匆忙，也要记得停下来回望。

为了那注视你的目光。

序1

妈妈的日记本

女儿 黄安娜

那是1995年暑假即将结束的时候，我回到了首尔的娘家。已经记不清当时是想在妈妈的衣柜里找什么东西了，只记得非常偶然地在衣柜的抽屉里发现了妈妈的日记本——足足有八本！

对我来说，这绝对是一个强烈的震撼！

要知道，妈妈从来没上过学，而且，当时她已经患病十年了。我真是做梦也想不到她能写这么多的字！

我瞒着妈妈，将这些日记本包好，带回了家，打算好好看看里面到底写了些什么。

虽然妈妈的日记语句不够通顺，还有很多拼写错误，但这丝毫不会影响它所带给我的深深的感动。看完这些日记，作为她的女儿，我觉得就这么放着这些日记实在是太可惜了。跟我的兄妹们商议之后，我们决定在妈妈八十大寿的时候将它们编订成书，拿给那些来寿宴的亲人看。

已经记不清整理妈妈日记的那几个月里我到底流下多少次感动的眼泪了。当看到关于我那九个月就夭折的弟弟木男和四十九岁离世的外婆的一些伤心往事的时候，我哭得眼睛都肿了。

这些文字也让我陷入了深深的自责之中。我甚至觉得自己是个不孝顺的女儿——以前我怎么就没考虑到妈妈该是多么盼望我们这些孩子能常回家看看呢？

作为女儿，我又为她做了什么？

平时，我总是找借口自己工作忙没时间，就不常回家去看她。现在想想，这怎能不让我愧疚？

妈妈的日记里，处处流露着对孩子们的慈爱，默默地感受着对离世亲人的思念，深深地感激着兄弟姐妹的亲情。

妈妈还是个热爱生活、热爱自然的人。在日记里，她直率地表达着自己对日常生活见闻的所感、所想。唯一让我感到遗憾的是，妈妈的日记没有写时间，我不能按照年月份和日期进行整理。

她是后来才知道我们要将她的日记装订成书出版的，她知道之后，心里很是不安，一直在问日记里有没有会伤害到别人的内容。

1995年秋，妈妈八十大寿的时候，她的日记《藏在心中的话》终于面世了。

书一出版，就引起了读者的广泛关注。妈妈的书在书店街很出名，出版后的第一周就成了畅销书。报纸和广播也在介绍这本书，甚至《藏在心中的话》还被选定为老年人韩文学校的教材。

作为韩文研究学者和儿童文学家出名的李五德（音译）老师，极力向全国的作家指导教授们推荐这本《藏在心中的话》，当时有很多文艺指导教师手里也都拿着这本书。

到现在，这本书出版已经过10年了，人们几乎已经把它慢慢忘记了，可就是在这时，KBS《人生剧场》又将妈妈的故事拍成了电影，分5部放映了。《秋天的庭院》放映后直到现在，每年秋天还都会作为《人生剧场》的特映剧场重新放映。

电影放映后，有很多人因为买不到妈妈的书联系到我，只可惜当时这本书已经绝版了。后来出版社向我提议重版，对我来说，这无疑是一件天大的好事儿，于是便立即答应了出版社的请求。我把原稿寄给出版社后，就去海岸徒步旅行了。旅行回来之后，第一件事就是询问书的进展情况。没想到出版社的工作人员告诉我说，那段日子正赶上负责编辑的职员辞职，做事情马马虎虎不上心，他从出版社把妈妈的日记本带走了，再也联系不到他了。

没想到，妈妈的日记本就这样弄丢了。

后来，我曾多次联系出版社，可是出版社换了工作人员，他只是告诉我日记本还是没有着落。直到现在，我也没弄明白这到底是怎么一回事儿。妈妈的日记本对我们家来说太珍贵了，可我竟然把它弄丢了。现在每每想起这件事来，我还是会觉得很伤心，觉得没脸见我的弟弟妹妹们。

这件事情过去5年后，也就是在去年的11月，我突然接到了“智慧之家”出版社的电话。出版社的工作人员看到了我在博客上发的“妈妈的故事”，问我是否有意编成书出版。

我是从2004年左右开始玩博客的。其实，起初我对博客一无所知。刚开始接触博客是为了看我大儿子的照片。他已经工作了，常年不在家，当时我每天都会进儿子的博客看看。某天，我偶然看到博客网页的一角写着“新用户申请”的字样，我一下子就被吸引住了，于是便申请了一个，还起了一个好听的名字——“享受生活”。

就这样，我有了属于自己的博客。因为是新手，所以我博客里的内容没什么条理性，空间也是想起什么来就做点儿什么，乱七八糟的。

我在博客里开辟了一个小空间，叫“妈妈的故事”，专门为那些想读《藏在心中的话》的人上传一些关于妈妈的日记，还记录了我每周去看望妈妈时所发生的各种事情。“智慧之家”出版社告诉我说，他们出版社想将我在空间里上传的妈妈的日记和妈妈的故事编成一本书。

其实，那只不过是我平时的一些即兴随笔，编成书难免会有很多不足。但我一想到妈妈的书又可以编成书出版了，心里就感到无比的欣慰和激动。于是我立即答应了出版社的请求。

当时，妈妈已经卧病在床，我迫切地希望在她去世之前能让她再次亲手拿一次属于她自己的书。可是，让我深感遗憾的是，因为日记本的原稿丢了，所以这次出版的书里没能刊登妈妈的亲笔。

因为平时忙于各种家庭琐事，所以我没能按时交稿，书中的文字也没能好好润色。虽然这本书有很多不足，但我希望这本书能再次让众多读者唤起对父母的思念之情。对我来说，这就足够了。

2011年5月

1995年发现的妈妈的八本日记本

序2

我的心里话

妈妈 洪荣女

对于那些想读我的文章的人来说，也许我要自己重新组织语句才能让他们读懂。

我没上过学，不知道应该如何把我心里的话表达清楚，写的每篇文章都毫无顺序可言，语句更是乱七八糟。我心里有很多话想说，有很多次都想拿起笔来写点儿东西，可是我根本就不识字，就更别说写字了。心里有话，却不知道应该如何用文字来表达。于是，我开始尝试一个字母一个字母地拼写，这让我觉得特别费力。

每当这时，我总会抱怨父亲当初没让我读书识字。我想，不识字将是我这一生的遗憾。

如果小时候上过小学，知道如何写字，我也不会落到今天这种地步，大字不识一个。如今我能写出这样蹩脚的文字，也是得益于孙子们上学的时候我偶尔学的一点。

那时，我经常想给孩子们和弟弟妹妹们打电话，可是不知道该怎么打，因为我对数字一窍不通。这些都让我感到很郁闷。于是，将近70岁的我，开始跟孙子仁城学认数字、写数字。

我学习得很认真，经常在笔记本上练习写数字，从1一直写到100，写到晚上很晚。

到现在也忘不了我拨通女儿家电话的那一刻。当我按了电话号码，等待对方接电话的时候，我紧张得心里怦怦直跳。那次通话后，我高兴极了，甚至比那些考了状元的人还要开心一百倍。后来，我便开始经常自己给弟弟妹妹家和孩子们家打电话。

我看电视的时候爱记东西。女儿们看了我写的东西都会禁不住笑。记得有一次，女儿的朋友往家里打电话。我把他们约会的地点记在了备忘录上。我还记得当时是约在东大门的“이스턴 호텔(东大门酒店)”，我却写成了“이슬똘 오떠루”。

直到现在，女儿们一提到这件事还会笑个不停。当然，我心里明白她们并不是在笑话我。

即使如此，我还是觉得自己写的东西很丢人，所以每次写完了东西，都会自己偷偷藏起来。但我也明白，我能写到这个程度已经很不错了。

现在我已经能看懂孙子们看的大字童话书了。我还看完了《人鱼公主》和《杰克和魔豆》这两本书。

活在世上却不识字，真的让人很郁闷。能在这样无眠的夜晚，写下几行简单的字，记录下内心的想法，我就已经很满足了。

所以，不管是谁，就算是穷得没饭吃，也一定要让孩子们上学！

1995年秋

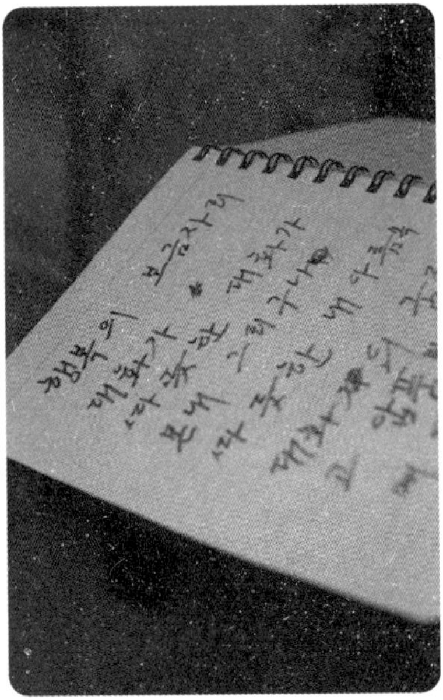

目录

引言　妈妈，我还会再来的 / 1

NO.1 藏在心中的话

我的木男 / 6
婚后生活 / 12
想念妈妈 / 16
外婆家的记忆 / 20
人生如朝露 / 22

我们家的故事 1

难道只有死了才能解脱 / 29
读者的信 / 33
妈妈的公益广告 / 36
买新冰箱的那天 / 40
妈妈的料理日记 / 44

NO.2 我要独自面对的人生之路

丢下我独自离开的人啊 / 48
我是一只老蜘蛛 / 54
埋藏在心中的故事 / 57
四季人生 / 60
秋天的山 / 62

我们家的故事 2

勉强的孝道 / 66
父母节的礼物 / 70
家庭春游 / 73
妈妈，请不要伤心 / 78
趁着年轻，就该多出去转转 / 83
捡橡子的那天 / 87

目录

NO.3 都是我的朋友

吾家风景 / 92
我的性格 / 095
我的兴趣 / 098
我的决心 / 100
变弱的心 / 103

我们家的故事 3

分分合合伤心路 / 108
啊，怎么会有这样的事儿 / 113
承受孤单，才能享受自由 / 116
不愿舍弃的妈妈 / 119
心情烦躁的日子 / 122

NO.4 写给六个孩子的信

深夜难眠，挂念孩子 / 126
我的大女儿 / 133
女婿和岳母 / 137
儿子，儿媳妇 / 140
女儿们的故事 / 144

我们家的故事 4
劳心焦思 / 150
在我有生之年 / 153
寻找往日常去的发廊 / 156
两块明太鱼 / 161
种白菜 / 163

目录

NO.5 不忍说出的话

病床上的孤单 / 168

想念仁城 / 173

我可爱的孙子们 / 177

惆怅的日子 / 182

我的五个兄弟姐妹们 / 186

我们家的故事 5

即将离世的妈妈 / 192

秋天的庭院 / 197

啊，我的妈妈 / 200

难道因为他们做得不好，就要抛弃他们吗 / 203

金达莱花开时，妈妈离开了我们 / 207

附录：妈妈1986年的日记 / 213

家谱 / 224

引言

妈妈，我还会再来的

几天前，我回了一趟娘家。庭院里桃花正盛开着，很是娇艳。可是，家里却很冷清。打开妈妈的房门，空荡荡的房子里，只有妈妈的照片还挂在那里。我用手抚摸着妈妈躺过的空床，心里说不出的难过。

妈妈坐过的轮椅，妈妈穿过的睡衣……一件一件，我慢慢地抚摸着。

翻看相册，里面有妈妈70岁时摸着翠菊笑着坐在那里的一张照片。

真美啊！

看着看着，泪水早已模糊了双眼。

庭院里，还有妈妈给我们六个兄妹做的放酱油、大酱、辣椒酱的酱缸台。上面早已布满灰尘。

妈妈去世以后，我跟三个妹妹每周都要一起去江华郡的墓地。去墓地的时候，会给妈妈带着苹果、柿饼、栗子、大枣和年糕，还会带她喜欢喝的咖啡。

昨天我还去了一趟墓地。因为是父母节的前一天，我带了两盆康乃馨，还带了两个别在胸前的康乃馨。

阳光照在合葬着爸爸妈妈的坟墓上。

“妈！我来了！”

没有人回答。

“妈，我来看你你高兴吧？你要是高兴，就刮阵风，晃晃那棵金达莱花的花瓣，我就知道了！”

坟墓上种的金达莱花就像是在回答我似的，随着风，轻轻地摇晃。

这是对我莫大的安慰啊！

我好像听到妈妈开心地笑着说：“你那么忙，还来看我干什么？”

我迫切地渴望能见到她，可是，再也见不到了；我想再抚摸一下她，却再也碰不到了；不管我再怎么大声呼喊妈妈，我的声音也只能回荡在天边。

原来，这就是死亡啊。

我把那两朵别在胸前的康乃馨插到了坟墓上，就像是戴在了爸妈的胸前一样。又把花盆里的康乃馨挖了出来，种在了坟前。

在这万籁俱寂的山中，我就这么静静地坐着。

良久，我站了起来，用手抚摸着坟墓，说：

“妈！我还会再来的！”

这是我以前回娘家走的时候总会说的一句话，是不忍心把妈妈一个人丢下离开，依依不舍地挪动脚步的时候跟妈妈说的一句话。

现在，这句话成了我来坟墓走的时候说的话。

妈妈这一辈子，一直就依靠着“还会来的”这句话，等待着自己的孩子们。

她曾经说：“从你来的前一天开始，我就看着表想，后天的这个时候，你就该离开了。”

孩子们到来之前，妈妈就想到了几天后的离别，为此独自伤心着，难过着。

我这做女儿的，怎么就做得这么不合格呢！

仔细想想，我真是连件很容易的小事儿都没为她做过。虽然经常给她打电话，可是，如果我当初在妈妈家多住一晚上；如果我经常跟妈妈一起去市场买菜；如果我给她买粉扑儿，把她打扮得漂漂亮亮的……

如果……如果当初我这么做了的话，妈妈该会有多高兴啊！

迟来的悔意，刺痛了我的心。

黄安娜

NO.1
藏在心中的话

树叶不会常绿，

青春不会永驻。

人生，如一滴露珠，

又如一片飘零的落叶。

我的木男

老话儿说，父母的离去，对于孩子来说，可能只是青山上的一块墓碑，但是孩子的离去，却是父母心中永远的痛。而我的亲身经历也告诉我，这句话有多么正确。

50年前，我的木男离开了我。现在每每想起他来，我还是会禁不住掉下眼泪。我想，木男的死跟我脱不了干系。当初，他带着对我的依恋离开了人世。

给公公服丧守孝的时候，木男才只有7个月大。当时，我的弟弟闻讯从敦岩洞赶来，帮忙准备葬礼。他告诉我说，像木男那么小的孩子是不能带到葬礼现场的，容易招病，还是把他留在家里比较稳妥。他为了劝阻我，还买来了一些很贵的牛奶，甚至亲自煮好了喂给木男喝。

但是我总觉得木男还太小，不忍心将他一个人丢在家里，最终，我还是决定带他一起去。

弟弟有些不乐意，抱怨我说，就算把木男带去也没时间喂他吃奶。边说边把煮好的牛奶放到了手提袋里，让我带去。

不出所料，一到婆婆家，我就开始忙前忙后，根本无暇顾及木男。木男只能托付给村子里的孩子们照顾。

还好，木男很乖，不哭不闹，看到我的时候只是伸着两只小手要我抱。

我怀里的奶水多得直往外流，可我实在是太忙了，根本没时间喂奶。木男哭的时候，照顾他的孩子就把凉水掺在牛奶里喂他喝。结果，他便开始止不住地拉肚子。

公公刚去世，婆婆就病倒了，当时的情况，根本不允许我将孩子带到医院里去照顾。人们也说，把太小的孩子带到医院里会招来祸患。所以，我只能买来牛奶喂木男，就这样过了一个月，婆婆去世了。

第二次准备葬礼的时候，木男的腹泻更严重了，转成了痢疾。他骨瘦如柴，眼睛也凹陷了下去。

一个才几个月大的孩子，持续病了两个月，又怎能不瘦呢?

直到那个时候，我才意识到应该带他去医院，但医生看了木男的状况后一直摇头，说已经太迟了。那时，我们家一直租房子生活。房东女主人担心孩子死在自己家不吉利，只要天一亮我就得背着木男出去。

我把木男放在玉米地的阴凉处，就这么干等着他死去，傍晚的时候再背他回家。

现在每当想起这件事，我的眼泪就止不住地往外流……

当我背着木男去田埂的时候，木男总是会发出微弱的声音。当他不再出声的时候，我就会以为他死了，心里一惊，赶忙将他抱在怀里，大声呼喊着“木男”，并想尽办法让他睁开眼睛。

记得那好像是在第四天的时候，我把木男放到了草地上，仔细看着他。那一刻，我忽然觉得这孩子很可怜，禁不住喊了他一声“木男”，没想到他的眼角好像流出了泪水。

我觉得木男应该熬不到第二天了，就拿出出嫁时穿的裙子给木男做寿衣。我的泪水止不住地往下流。看不清针眼，线总是穿不进去。一边哭，一边做完了寿衣。寿衣做得很不好，眼睛也哭肿了。

做完寿衣的时候，木男还有口气。我给他穿上。可是寿衣太大，木男撑不起来。布料也很薄，即使是穿着寿衣，也还是能看到木男苍白干瘪的身体。

我就这样抱着木男坐在屋里。天亮的时候，木男断气了。

看着死去的木男，我才发现他的睫毛长长的，头发软软的，一双软乎乎的小手，仿佛是要抓住妈妈的心一样。

每次提起木男来，我都会禁不住落下眼泪。

我这个做妈妈的该是多么狠心薄情啊！家里没钱的时候，我甚至将包裹木男的绒线襁褓卖掉去换钱贴补家用，却只用旧裙子裹着木男。他就像是个没有羽毛的鸟儿一样可怜。

丈夫说趁着女主人还没醒来，赶紧把木男埋了吧！说完，他就抱着木男出门，埋了。后来，我问他把木男埋到哪里去了，他告诉我说埋到丧舆店的后山上了。当时正处于日本帝国主义统治时期，每家每户都要出来服苦役，我饿着肚子就被逼着拉出来干活儿，更巧的是，我做工的地方就在丧舆店的后山上。

经过那个地方的时候，我看到了那个新凸起的小土堆。我当场就昏了过去，失去了知觉。

现在想起来，木男就是被活活耽误死的。

当初，如果及时送他到医院的话，他就不会死；要是听了弟弟的话，他可能也不会死……每每想到这些，我就悲痛万分，陷入深深的自责之中。

木男活着的时候，我每次把他背出去，见到的人都会说木男长得好看。而且，更令我欣慰的是，木男是个极其乖巧听话的孩子。

出生才九个月就夭折的我的木男啊！

我的木男离开的时候，只穿了一件单衣。刮风天冷的时候，他会不会怕冷？唉，真是令我这个做妈妈的肝肠寸断啊！

我可怜的孩子啊！原谅妈妈犯下的罪过吧！

孩子啊，我可怜的孩子，
都是妈妈的错，都是妈妈的错。
孩子啊，我可怜的孩子，

双手合十，向天祈祷，
用我的血写下万里长书。

写下我的请求，写下我的痛楚。

孩子啊，孩子啊，
我可怜的孩子啊。

我最爱的孩子啊，
看到盛开的菊花一株株倒下，也不要流眼泪。
被踩死的小草，
明年春天还会冒出新芽。
压在石头下无法呼吸的种子，
总有一天会穿过石头生长。
只要还有根，就不要哭。
只要还有生命，就不要哭。

太阳升起的时候，擦干眼泪，
看看院子里立着的那株美丽的花吧。
它正迎着阳光闪闪发亮。

孩子啊，擦干眼泪吧，
睁开亮晶晶的双眼笑笑吧。
让妈妈再抚摸一下你的额头，
哄你入眠吧。
我可爱的孩子啊。

给我的孩子吹首笛子曲吧。
我的孩子不要流泪。
流眼泪夜空也会为之失色的。

想念我幼年夭折的木男……

婚后生活

不能随心所欲地写东西啊。

我又开始抱怨父亲了。

不光是不让我上学这一件事。父亲只知道赚钱，从我八岁开始，他就不让我出去玩了，我只能在家里做编织的活儿。

我当时个子太矮，够不到编织机的座位，只能站着织布。就这样，我整整织了十年的布。爸爸每年秋天都会花钱买地，却不愿意花一分钱让我上学识字。

伴随着织布机，我也慢慢长大、长高了。

直到现在，每当想起不让我上学只知道让我织布的父亲，我都会心生怨恨。

我在19岁那年二月的最后一天结了婚。

嫁到婆家去之后，我才意识到自己是被骗了，婆家连个像样的房子都没有。

我比丈夫年长一岁，他才18岁。可能是胆子太小，他一直不敢看我。我俩在一起的时候，几乎没什么话可说。

婆家一共有七口人：36岁的公公，39岁的婆婆，21岁的公公的小妾，10岁的小姑子，9岁的小叔子，还有丈夫和我。

现在回想起来，当初在婆家的生活实在是太恐怖太艰辛了。

我一个人无依无靠，每天担惊受怕，很是悲惨。

寒冬的夜晚，我常常在婆婆房中点着灯做针线活儿，12点之前，从来没回房睡过觉。

凌晨5点起床洗刷，然后给全家人做早饭。

吃早饭前，我要先去给公公问安，然后去卧室给婆婆行礼，之后再去摆放餐桌。

丈夫先吃饭出门，小叔子和小姑子要带盒饭，两个小孩儿吃完后就去上学了。我再给公公和两个婆婆各准备饭桌送到他们面前。最后，我自己才在厨房吃饭。

吃完了饭，就要刷碗、打扫卫生，然后给两个婆婆把胶鞋擦干净，每天还要挑10缸水。

我出嫁前在家里什么家务活儿都没做过，每天只是坐在织布机前织布。到婆家来后才知道，我会的家务活儿实在是太少了。

那么繁重的家务活儿全压在我一个人的身上，不知道当时我的内心是多么无助和痛苦。

我在娘家的时候从来没挑过水，家务活儿也都是其他人在做。在婆家打水的时候，我常常不小心摔倒。若是在冬天，裙子前面被水弄湿后就结冰了，走起路来都困难。

现在想起这个场景来，我还是会吓得打哆嗦。

记得有一次，丈夫觉得我可怜，就接过水桶帮我挑水，没想到无意间被公公撞见了。他骂我丈夫是个只知道疼媳妇的混账东西，气呼呼地离开了。

为此，我的内心充满了不安和对这个家的恐惧。

结婚7年后，龙年阴历3月13日凌晨5点，我生了个可爱的女儿，家里给她起名叫做庆花。

孩子成了我心里唯一的希望。

庆花一天天茁壮成长。看着她，我都无法用语言来形容心中的那份开心和幸福。

回首这一生，我在想，是不是我前生犯下了太多罪过，现在的命运才会是这样。

19岁结婚后，婆家生活如此艰辛。凌晨5点，起床做早饭，每天早晨还要在台子下面的井里挑10缸水。

每到冬天，手背就干得裂开了，有时候还会流血。一天到晚只知道弯腰干活儿，一直忙到晚上12点到1点左右才能睡觉。

婆婆一般是在傍黑儿的时候就睡觉了，到12点的时候会起床打花图、测运势。公公经常凌晨一两点的时候才从外边喝醉了酒回来，回到家里就开始耍酒疯，一直折腾到天亮。就这样，我整个晚上都不能合一下眼，一直睁眼到天亮，然后起床做早饭。

我身体虚弱，累得浑身酸疼。想着远方的妈妈和外婆，独自伤心落泪，泪水打湿了枕头。

年少的丈夫根本就不能体会我在婆家生活是多么艰辛和不易。就算我的手背冻得裂开出血，他也不会关心我。看着这样的他，我心里就是有话也不想向他倾诉。我知道他年龄小，但就算是年龄小，也不能对我如此不理不睬啊！

那时候，我实在是郁闷至极，那种感觉就像是到了悬崖绝壁，世界一片渺茫。

女人如果嫁错了婆家，这一辈子就毁了。

一路走过来，回想我走过的路，一片荆棘。

望着倒影在窗上来回摇摆的树影，

我的双肩瑟瑟发冷。

想念妈妈

妈妈离开人世已经有50多年了。

每当想起匆匆离开的妈妈，我的内心就充满了委屈和怨恨。我活了这么久，妈妈却才活到49岁，这说得过去吗？！

看着别人的妈妈来看望自己的女儿，我羡慕极了。

妈妈去世的前几天，还在揽着小顺任和小顺武玩。她一边揽着他们，一边叹着气说：“看着这么小的孩子，我怎么舍得就这么撒手不管呢！”

看到妈妈落下眼泪的那一刻，我悲痛欲绝。

当时，顺廊22岁，顺玉16岁，顺馆13岁，顺任9岁，顺武才5岁。

妈妈刚刚去世的时候，我从厢房出来安慰爸爸。年幼的顺武还不懂事，拿着陀螺在屋里跑来跑去，大喊大叫着玩抽陀螺的游戏。看到这一幕，我心痛极了，精神恍惚，昏了过去。

小顺任好像是知道妈妈去世了，跟着去殡葬的时候，她一个人藏在门后面一个劲儿地抽泣。周围的人也纷纷落下了眼泪。

妈妈，看到这些，你怎么忍心丢下我们不管呢？

妈妈走得那么早，我怎么能活得这么久？！

1.

妈妈！

到我这个年龄，每次喊出妈妈这两个字都会禁不住掉下眼泪。

就算献出我的生命，恐怕也报答不了妈妈的恩情。我这个不成器的女儿竟然在妈妈生前还给她心里添堵。

妈妈很少来我家，好不容易来一趟，都是住在榻榻米房里。记得当时她身体不好，虽然婆家实在是没别的可以住的空房了，但妈妈毕竟是病了，我竟然还让她住在那样的房间里！现在每次想起来，我都觉得愧对于她。

妈妈视我如珍宝，把我抚养成人。看到我在婆家生活得不好，她心疼我，天天为我操心。甚至还拖着病了的身子给我送这送那。

妈妈，我可怜的妈妈！让我再叫你一次妈妈吧！

妈妈去世前，自己用石磨磨了一些面粉给我，还给我带来了大米和过冬的泡菜、辣椒、板栗、柿子、柿饼……凡是能带的，她都给我带来了。

我生了孩子自己成了妈妈后，妈妈还是我心中不变的依靠。每次想到她，心里就觉得很踏实，很安心。

在妈妈身边，我可以什么都不用去想，什么都不用担心。

可是，妈妈走了，她永远离开了我。她走了，连同我生活下去的希望也一起带走了！我只觉得前路一片黑暗。

妈妈，丢下我了。

你怎么忍心就这么离去了？

丢下我们兄妹七个，黄泉路上该是多么黑暗，泪水会不会挡住你前行的视线？

我可怜的妈妈啊，为了把我们兄妹七个拉扯大，你一定吃了很多很多苦，受了很多很多罪！我们做儿女的没让你享一天福，没让你睡过舒服的床铺。

妈妈，你就这么走了，心里会不会觉得委屈？

妈妈，随着岁月的流逝，我们七兄妹也慢慢变老了。

妈妈，你没到50岁就离开了我们，你知道我们的心里有多难过吗？我可怜的妈妈啊，请求你原谅我们这些不孝的孩子犯下的过错吧！

妈妈，妈妈，

就算我再怎么呼喊都不能回到我身边的妈妈啊……

2.

父母拉扯着那么多孩子，

可是孩子却从来没孝顺过父母。

父母看着茁壮成长的孩子，

每天心里都充满了幸福。

怀念小时候的日子，

波斯菊开了又谢，

牵着妈妈的手，那段日子怎么能忘怀？

再怎么呼喊都不再应声的我的妈妈啊，

拼命干活赚钱养家的我的妈妈啊，

进入我的梦乡，让女儿再看你一眼吧！

就算是闪现一道微光，让我看一眼也好啊！

3.

秋意正浓。

寒峭的风吹着凄凉的落叶，到处飘零。

我可怜的妈妈的坟墓上，只有干枯的草叶在飞舞。

仅靠这些干枯的草叶的覆盖，妈妈怎么能度过这寒冷的日子？

妈妈生前，我一次都没好好孝顺过她。

每当想起这些，我的心里就积满了悔恨的泪水。

妈妈，我的妈妈，我可怜的妈妈，

49岁就丢下我独自离开的妈妈啊！

外婆家的记忆

1.

山脚下那座有着大大小小的房子、开满杏花的小村庄，就是外婆的家。

记得我小的时候，经常拉着外婆的裙角向她撒娇。在外公外婆的疼爱下，我衣食无忧，慢慢长大了。到现在，我还是很怀念那段时光。

外婆特别疼爱我们这些外孙女，真是“拿在手里怕碎了，含在嘴里怕化了”。

可是我却不知道她的苦心。

在我成长的过程中，因为外婆家太富有了，我从来没受过什么苦。我真可以说是集万千宠爱于一身。

可是，我却是一个很不孝顺的外孙女。

我最爱的外婆啊，

原谅我这个不孝的孩子吧！

2.

真怀念小时候啊！

记得那时候，我总是跑来跑去，蹦蹦跳跳。秋天，总是从柿子树上摘一些柿子，从栗子树上摘一些栗子，拿来吃，拿来玩。

外婆家很富裕，什么粮食都不缺。我就这样在外公外婆的疼爱下，衣食无忧、快快乐乐地长大了。

如今，我年已八旬，

还总是怀念我的外祖母。

岁月悄无声息地流逝，我已是满头白发。

日落西山，风儿吹乱了我的头发，

心中一片凄凉。

人生如朝露

1.

树叶不会常绿，

青春不会永驻。

人生，如一滴露珠，又如一片飘零的落叶。

孩子再多，长大了也都是要离开家的。

留下的，也只不过是他们小时候的回忆而已。

孤独的父母就像是田间的野菊花，无依无靠。

秋风瑟瑟，湖中的芦苇随风摇曳，心中一片凄凉。

凋落的树枝上停留的鸟儿，请到我的身边来吧！

到我的身边来吧，来陪伴孤独寂寥的我！

我要像紫芒花一样顽强地度过此生。

告诉自己，苦难终会过去，我应慢慢承受。

即使前路满是荆棘，我依旧心怀梦想，顽强生活。

2.

我的人生真可谓是暗淡无光啊！

在婆家的生活经历足以写成几本书了，

又抚养了几个孩子。

人到终年，还要拖着病快快的身子，勉强慢慢下咽饭食。

可是，

谁又能真正体会饭桌对面无人相对的孤独？

3.

飘飞在空中的忧心，

多得如同天上的繁星。

身体如同秋风中摇曳的芦苇，

如同绝壁中孤立的松树。

太阳和月亮起起落落，

湖中孤独的那株海棠花啊，你到底是在等待谁？

鸣沙十里海棠花啊，请不要凋零。

等到来年阳春三月，还要重开重落。

可是，

人生却没有回程票，

人生之路，如同野花，

活着跟蜉蝣虫又有什么区别?

4.

春天过得真快啊!

春去夏来,

夏去秋来,

秋去冬来,

岁月如流水……

5.

雪白的紫芒花开放,

不知不觉间,已被风儿折磨得枯萎凋零。

岁月匆匆,

不知不觉,又过了一年啊……

6.

江水潺潺,流向何方?

人生如流水,无可奈何,匆匆流逝。

扪心静想,离别之苦,郁积心头。

7.

我的身体,如花的青春,积怨的世界。

如今,不知不觉间,我年已八旬。

就像一朵霜打的野菊花，迎风凋零。
我已年迈，身患有病，
总是感觉孤单凄清。
空虚的内心，满是悔恨和怨恨。
我一无所有。
再美的花，也会有凋零的一天。
当蝴蝶远去，
剩下的只有孤独。

8.

啊！我的眼中充满了泪水！
两颊流过的是雨水，还是泪水？
春光灿烂，我的内心却一片凄凉。
即使是内心空虚，
还要在别人面前装作很满足的样子，
隐藏起心中的那份凄凉孤寂，
继续生活。
日落西山，夜色降临，
当太阳再次升起，又是一天。
对我来说，每天，都一样……

9.

被风吹落的花儿。

实在是可怜，实在是可怜啊。

10.

忧心如同空中密布的乌云，积郁爆发。

天空下起了雷阵雨，

树叶凋落，

滚落的雨水，就像从我脸上滑落的泪滴。

80年过去，回首往事，什么痕迹都没留下。

总有一天，

我也会悄无声息地离开这个人世，

入土为安……

我们家的故事 1

妈妈姓洪，出生于南阳。家中共有七个兄妹，妈妈排行老大。外公是个学者，可从来不教孩子们读书识字。妈妈没上过学，从8岁开始到19岁结婚前一直在家织布。外婆家是个富农家庭，雇了很多个劳工帮忙务农。我还记得小时候一进外婆家的大门，就能看到很多水果、柿饼，墙上还挂着很多干黄花鱼。在当时的封建社会，女子无才便是德，妈妈因此一直未进过学堂。

但是，妈妈是个幸福的人。她作为富家大小姐，在父母的疼爱下慢慢长大了。

跟爸爸结婚后，妈妈离开了江华道娘家，来到开城（音译）生活，一直侍奉着公公婆婆。我也是在开城出生的。那时候，妈妈忙于准备婆家的丧事，无暇顾及我的大弟弟木男，他还没到周岁就死了。妈妈为此一直生活在悔恨之中。

木男比我小两岁，要是还活着的话，现在也应该已经70多岁了。

1995年妈妈的照片

1958年妈妈的照片

1958年全家福

难道只有死了才能解脱

1983年冬，丈夫的公司破产了，留下了一屁股的债。讨债的人甚至来学校找我，当着全班学生的面，把我拉到走廊羞辱。我就算把每个月的工资都用来还债，也还是不够。我找不到其他赚钱的方法，前途一片黑暗。

突然有一天，讨债的人找来一个无赖，来到我住的单人房间里。他干脆把洗刷用品都带到了我家威胁我，要是我拿不出钱来，他就一直赖在家里。我当时吓坏了，什么都顾不上考虑就说，我保证几天后一定把钱还上。他这才勉强离开。

他走后，不知道为什么，我就踏上了去娘家的路。

当时，爸爸已经去世了，只剩下妈妈拉扯着我和我的几个弟弟妹妹们艰难地生活着。妈妈看到我失魂落魄的样子，流着眼泪心疼地说：“孩子啊，振作起来，你这样怎么能活下去啊！”

那天晚上，我跟妈妈都翻来覆去地难以入眠。

第二天早晨，妈妈起程准备去大姑母家借钱。大姑母住在安阳，家里相对来说比较富裕。

门外刮着刺骨的寒风，妈妈没有像样的外套，她穿着破旧的毛衣，围着旧围巾，一直走在我的前面。看到妈妈的样子，我难受极了，心里就像插了把刀子，我知道我这个做女儿的有愧于她。

在星福坐上地铁到达清凉里，在清凉里再换乘去水源的车。妈妈坐在我的旁边，一直紧紧地抓着我的手，仿佛是想用这种方式激励我不要灰心失望，一定要振作起来。

大姑母的家离安阳市里稍微有点儿远，我和妈妈走了一段长长的田地才到。已经很久没来大姑母家了，总不能空着手去，于是妈妈买了一袋水果。

我跟妈妈就像是“牛进了屠宰场”似的，在门外徘徊了好久才开门进去。

大姑母很热情地接待了我们。他们家似乎很有钱的样子，里屋铺着光亮亮的黄色地板，盘子里装的满是昂贵的水果。看到这些，我更觉得没面子了。我们带过去的水果看上去是那么寒酸。

妈妈跟她聊了一些无关紧要的家常话。

最后，妈妈终于开口说了想要借钱的事儿。在说的时候，妈妈的心里是多么难受啊！她是鼓足了多大的勇气才提出来的啊！

我的脸也像是被火烤着似的火辣辣的，心情真是跌入了万丈深渊。

要是能借到钱，丢人也就算了。可是没想到大姑母却说："家里的钱都是你姑父拿着，我倒是想帮你们，可是我实在是很为难啊！"

我跟妈妈是带着最后的一线希望去的，没想到结果却是这样。我当时就想，我们为什么要来这里？真是丢脸啊！

我们又坐了一会儿就离开了。这时，外边已经下起了雪。

回家的路怎么突然变得这么长……

我和妈妈都没有说话，就这么静静地走着。迎着雪花，怅然走在长长的田间路上。

妈妈解下自己的围巾给我戴上，说："女儿，现在你是不是觉得只有死了才能解脱？咬紧牙，打起精神来！没有什么过不去的坎儿。你现在已经跌落到了最低点，以后情况只会越来越好，不会比这更糟了。"

那一刻，妈妈说的话我好像什么都没听见。

走到岔路的时候，我跟妈妈分开了。走了几步回头看的时候，我看到妈妈还迎着雪站在原地。她嘱咐我快点儿走，还跟我挥手道别。

走着走着，每次回头看的时候，妈妈都还站在原地跟我挥手。

雪静静地下着。

妈妈的心情是怎么样的呢？当她想到空手而归被讨债者训斥的女儿时，一定会心疼得如刀割吧！

从那以后，当生活艰难到让我不想活了的时候，我总会想起那天在雪中妈妈送我时跟我说过的那些话。

“对！我应该试试！难道只有死了才能解脱吗？”

握紧拳头，把这句话说给自己听，我就又有了活下去的勇气。我相信还能坚强地忍耐下去。

读者的信

2008年春，我收到了来自韩文学校老师的一封邮件。他在信中问我，能不能借一下妈妈写的那本《藏在心中的话》。现在学校正在教那些文盲老太太写韩文，想把妈妈的这本书当作教材。

当时，我手里也只剩下了两本，但是考虑到妈妈的书或许能够帮助那些学习韩文的奶奶们鼓足勇气继续学习，我就很爽快地给韩文学校寄去了一本。

这件事情过去后我就慢慢忘了。后来，韩文学校的老师打来电话问我妈妈的地址。他告诉我说，这段时间，学校的老太太们学会了韩文，都想亲自给我妈妈写封信。

因为我每周都会去妈妈家看望她，于是就跟学校的老师说直接寄到我家里来就可以了。

其实，可以直接跟学校说妈妈的地址的，可是我担心，如果妈妈去地里干活儿不在家，邮递员还得到处找她，太麻烦了，还是寄到我家由我转交比较方便。

几天后，我就陆陆续续收到了来信。信封上的字迹就像是小学生写的，但是我一眼就能看得出来，那都是尽心尽力、一个字一个字写上去的。

我把信装好，带给了妈妈。

妈妈收到了别人的来信，感到羞愧的同时，也很是开心。她把那些信读了一遍又一遍。虽然里面有很多拼写错误，但是能看得出来，那些老人都是一笔一画、真心真意写的。我在旁边看着都觉得很感动。更让我惊讶的是，学校老师担心妈妈看不懂那些老人写的信，于是又把那些信件用Word处理器重新打了一遍，一起寄了过来。那些六七十岁的老人现在才开始学习韩文，该是有多么吃力啊……那些教书的老师和学习的老奶奶真是太伟大了！

老人们的信件内容也各不相同。

有的老人在想念远在国外的女儿；有的老人的女儿成了修女后离开了人世，老人在信中表达了自己内心的伤痛；还有的老人诉说着自己年轻时受过的苦……其中有一封信让我潸然泪下。信里这样写道："看着庆花茁长成长，我的心里别提有多高兴了。"

哈哈！我到现在也在茁壮成长啊！呵呵呵呵……

有一个老奶奶的信中说道，看了妈妈书中写的不到一周岁就夭折的"木男的故事"之后，大家都哭了。

每个读过这个故事的人，都会落下眼泪。

老人们都说一定要见妈妈一面。可是，妈妈觉得不能让来看望自己的人空手回去，就跟老人们约定说，等玉米熟了或者秋天刨地瓜的时候，又或者栗子果儿熟透的时候再邀请她们来。

可是，还没等到招待学校的老人们，妈妈就受伤进了医院。一直到去世之前，她都一直躺在病床上，没能出院，更没能邀请那些老人来我们家玩。

妈妈住院期间，老奶奶们都来看望妈妈了。她们知道妈妈爱喝豆浆，就亲手做好了带到了医院，还给妈妈买了很多饮料。

她们对妈妈的那本书印象很深，说几年前她们还一起看了妈妈出演的人生剧场《秋天的庭院》5部曲。

如果当初妈妈没有受伤，她肯定会把那些老奶奶邀请到家里来，一起刨自己种的地瓜，一起坐在30年前种的那棵大栗子树下捡栗子果儿……可是，这只是如果……

给妈妈带来众多欢乐的心地善良的老奶奶们，我衷心地谢谢你们！

谢谢！

妈妈的公益广告

2005年11月21日到25日，在这5天里，妈妈的故事在KBS《人生剧场》放映了，题目是《秋天的庭院》。后来，每年秋天，这部影片都会在有线电视频道放映。为此，越来越多的人开始了解妈妈的故事。

2008年初夏，我接到了一个公司的电话。他们说看了妈妈出演的电视节目，想邀请妈妈作为他们公司公益广告的嘉宾。当时，妈妈年事已高，行动也不方便，所以我没有贸然答应。他告诉我说广告是关于“虐待老人申报电话”的。

我考虑之后，决定还是先征求一下妈妈本人的意见。令我没想到的是，妈妈只想了一会儿就答应出演了。我本以为妈妈会拒绝的，她的回答让我一下子慌了神。可既然妈妈都答应要做，我也就没什么理由去反对了。

拍摄那天，早晨7点半，我们就到了三清洞韩屋村。虽然是一则很短的广告，可是拍摄器材相当大，跟着出来服务的拍摄组就有20多个人。他们给妈妈带来了很多衣服，让妈妈选着试穿。有一个很可爱的小家伙跟妈妈一起拍摄。光是孩子跑向妈妈让她抱的场面就不知道拍了多少遍，一直拍到下午4点才结束。我在旁边看着都觉得很累，更别说是直接参与拍摄的妈妈了，她当时该有多累啊！我总觉得在这件事儿上有愧于她。我想不明白，妈妈为什么早就预料到了拍广告不是一件简单的事儿，可还是答应下来去拍。

当天，我就找到了问题的答案。

在食堂吃饭的时候，妈妈突然问我："孩子，拍广告给多少出演费啊？用那些广告费，够给你们每人买一袋米吗？"

妈妈以前总是跟我说，觉得自己天天给孩子们添麻烦，心里很过意不去。她一直觉得自己现在老了，什么都做不了，是孩子们的一个负担。她答应拍这个广告，只是想趁这个机会为孩子们做点事儿。我终于明白为什么连走路都不方便的她答应拍广告了。那一刻，我的心里难受极了。

那一年，KBS每天晚间电视剧开始之前都会放映妈妈出演的公益广告。虽然，广告只有几秒钟。

我每天都能通过电视看到妈妈，感觉那一瞬间很珍贵。很多亲人和熟人也陆续打来电话询问、祝贺，说妈妈看上去好精神。

出演费一到账，妈妈就把钱平均分成了6份，分给了我们6个兄妹。我永远也忘不了妈妈当时把自己辛辛苦苦赚来的钱分给我们6个孩子时那幸福开心的表情。

那天晚上，我跟妈妈肩并肩睡在一张床上闲聊。

妈妈对我说："我就算是现在死了，也没什么可牵挂的了，可以放心地走了。我们家困难的时候，你小姨帮我们安上了大门和窗户，这件事我一直都记在心里。直到上次，你小姨七十大寿的时候，咱们家上了一份礼钱，我才安下心来。"

兄弟们、侄子们和孩子们给妈妈的钱她总舍不得花，全都攒了起来，花在了家里的红白喜事上。她从来不会白拿别人一丁点儿东西。她这一辈子总是在叮嘱我们不要欠别人的，受到别人的恩惠，一定要铭记在心。

可是，不管是在物质上，还是在精神上，我欠别人的都太多了！

看到我穿的鞋子破了，脱下自己脚上的鞋子给我穿的朋友；本身自己都吃不饱，还要分给我一斗米吃的朋友；辛辛苦苦找到我以后，把钱包里的钱全掏出来给我花的朋友……

何止是这些！

当我处于绝望中不知所措的时候，对我说暖心窝的话鼓励我的前辈；当我觉得活着太辛苦想放弃的时候，一直默默陪在我身边的朋友；对借了一大笔钱还不上债的我说："如果以后遇到像你这样苦难的人，就把钱借给他们吧，就当是还我钱了"的朋友……我怎么能忘记这些恩惠，没心没肺地生活呢？

我还欠了上帝很多债。每当感到生活很无助很痛苦的时候，我总是会对上帝说："上帝啊，如果这次你帮我实现我的愿望，我以后一定多做好事报答您！”现在看来，那根本就不是什么真诚的祈祷。也许对于上帝来说，我的所作所为，都是让她感到可恨的。

虽然我不能像妈妈那样，离开人世的时候不会亏欠别人东西，可以很安心地离开。但是，我已暗暗下了决心：我将用我的余生去回报别人。

买新冰箱的那天

2003年，家里买了一台新冰箱，于是我就把原来的旧冰箱搬到妈妈住的农村老家了。3年之后，冰箱出故障不能用了，我就想给妈妈买个新的，可是她却说不用买，因为小弟已经说了，他要把他们公司不用的冰箱搬到家里来。小弟搬来的冰箱不如原来的冰箱大，但还是能用上一段时间。

虽然妈妈是一个人住，可是她总是将冰箱里塞得满满的，有玉米、米粉、肉、鱼，还有她亲手做的馒头。她告诉我说："这样你们来的时候就有的吃了。"

弟弟把公司的冰箱搬来后，按理说原来的冰箱应该丢掉不要了的，可妈妈就是不同意丢。她说这是大女儿用过的东西，对她来说是个宝贝，用了这么久，已经产生感情了，舍不得丢。我们就问她要把旧冰箱放在哪儿。她说可以放在对面的房子里，冰箱里可以放一些乱七八糟的东西。

没办法，我们说服不了她，只好把冰箱搬到另一个房间里了。看到她把那些杂七杂八的东西放进冰箱，全家人都笑了。

没过多久，弟弟搬来的冰箱也出了毛病，开始漏水。放在冷冻室里的冰激凌都化了，到处都弄得乱七八糟。

仔细想想，妈妈好像总是在用我们用过的旧冰箱，从来没用过新冰箱。到现在妈妈还是在受苦，一件像样的东西都没用过。

想到这里，我的心突然很疼很疼。

我跟弟弟们说，想给妈妈买台新冰箱，他们都一致同意我的提议。我立即就给家电专卖店打电话问了问冰箱的价格。通过询问，我了解到158升的冰箱只卖67万韩元。专卖店还说，现在买冰箱会赠送顾客一个门板，价格比较便宜。

最后，弟弟们出了36万，剩下的钱由我来出。

本来是想当天就让他们给送货的，可是时间上不合适，只能几天后再送了。我知道，如果提前告诉妈妈这件事，她肯定会气得跳起来。所以直到专卖店通知我接冰箱的时候，我才告诉了她。

不出所料，她一听就火了，大声训斥我："你到底有没有脑子！我知道我自己的身体是个什么状况！"说完非要把冰箱退回去。

我趴在妈妈的耳边，耐心地劝导她："有了冰箱，我们以后来家里就能吃到凉爽的西瓜，喝上冰爽的水了；就算妈妈用着用着就去世了，我也可以把冰箱搬到我们公司里面去用。冰箱很便宜，外面贴着价格呢，才35万韩元。”

妈妈被我们说得实在是没办法了，只好服软。

没过一会儿，大卡车就停在了我们家门前。两个健壮的小伙子搬着冰箱走了进来。一个小伙子一边进门一边问妈妈：“奶奶，请问您是不是《人生剧场》里面的主人公啊？”说着握住妈妈的手，高兴得不得了。临走前，他还送给妈妈一套密闭容器，并祝愿妈妈健康长寿。

多亏了那个小伙子，妈妈的心情好了很多。

有了新冰箱，整个厨房都显得亮堂了很多。我和弟弟们把冰箱擦干净后，又把那些放置时间太长的食物和坏了的盘子都放到计量垃圾袋里，一个一个包起来扔了。

看着被打扫得干干净净的大冰箱，妈妈说：“真是比买了个新房子还好啊！”

因为怕孩子们花钱，她一个劲儿地阻拦我们买冰箱。但买回家之后，她其实还是很开心的。看着像孩子一样开心的妈妈，我就感觉那是我此生做过的最棒的一件事。

妈妈用手抚摸着新冰箱，开心地笑了。我从后面搂住妈妈，把脸深深地埋在妈妈的背上，眼泪禁不住流了下来。

我匆忙把眼泪擦干，不想让妈妈看见。

虽然有些人会觉得，花那么多钱给一个年事已高、身体又不好的老人买个冰箱不值，可是我却认为，就算妈妈只用一年，这冰箱我也该买。

妈妈真的只用了一年就去世了。

我应该早点儿给她买的……

我为什么总是这么晚才明白所有的一切！

“妈妈，女儿对不起你！”

妈妈的料理日记

홍합은 소스을 만드러
분는다. 마늘 곳추를
송송 스러 복다 설탕 기름
엿 가진 양념 6수물을 함개 부고
조림 소스를 홍하배 분는다.

这是妈妈写的日记。

正确的写法应该是下面这样的:

홍합은 소스를 만들어
붓는다. 마늘 고추를
송송 썰어 볶다가 설탕 기름

엿 갖은 양념에 육수물을 함께 붓고
조림 소스를 홍합에 붓는다.

（译文：红蛤是做酱汁的时候撒的。将蒜和辣椒切碎后炒一炒，放上白糖、油、糖稀等各种调料，再倒上汤水。最后把这样做成的酱汁倒在红蛤上就可以了）

妈妈很喜欢看着电视记东西。可以做参考的烹饪方法或者紧急治疗方法，她都要记下来。

这时候，她身体不舒服，已经睡着了。

我坐在妈妈旁边，眼里噙着泪水，读着她写的料理日记，自己一个人又禁不住笑了。

啊，我最爱的妈妈啊，

妈妈做的汤是最棒的！

外面下雨了。

看着妈妈的日记，我一会儿哭，一会儿笑……

NO.2
我要独自面对的人生之路

寒冬之夜飘落的雪花，是我写给你的信。
雪花整夜一直落个不停。
寒冬之夜飘落的雪花，是我对你的问候。
我独自一人坐在窗下
询问现在是否健康、是否安眠，
那是我对你
的问候。

丢下我独自离开的人啊

直到现在，想起你们的爸爸去世时的场景，我还是会有些精神恍惚。

记得当时，艳花（小女儿）还在上高一，家里的情况糟得要命。早晨她去学校，跟我要车费，我连10块钱都拿不出来。

家里的情况实在是糟透了，我甚至没钱给孩子们买个便宜的本子。干这也不行，干那也不行，真是郁闷死了！

人家的孩子都有爸爸，而我的孩子却没有。每每想到这里，我总觉得亏欠孩子们太多，心里难过极了。

丈夫去世后不久，明花（三女儿）就病了，做了个大手术，受了不少罪。出院回家，我也没钱给她买什么补品。可想而知，我当时心里该有多么难受！就这么过了一年，她的身体还是弱得站都站不稳。

还有更糟糕的。当时，晶然（大儿子）的身体也不好，可是家里根本没钱让他好好休养，也买不起药，所以就这么一直拖着。直到现在，这件事还是我心中的一个痛。

你们的父亲赚钱的时候没集中精神，这才出了这档子事儿。如此想来，他也是个让人寒心的丈夫！

什么都没留下，就这么独自离我们而去了。

失去了他，我真的有些不知所措了。

1.

夫君，丢下我一个人，你到底去了哪儿？
夫君，丢下我在这荆棘之路，你到底去了哪儿？
你突然离开我，丢下我自己一个人，让我怎么办？
憔悴的两颊止不住地流下泪水。
我不停地呼唤你，
奈何只有山在回响。
我到底在奢望着什么，等待着什么？

2.

忘不了消失在雾气中的你，
我那哀哀的心在滴血，不停地呼唤着你。
可是，即使我不停地呼唤，又有什么用？
后悔莫及，又有什么用？
在你生前，我们没能彼此珍惜、相互理解。

如今，结束了这短暂的人生，才幡然醒悟。
可这又能有什么用？

夫妻在生前，
不应为生活琐事争吵。
要尽可能地互相理解、互相包容。
琴瑟相谐，才能走得更长远。

3.

你怎么能没跟我说句话就独自一个人离开了呢？
我真是做梦也想不到啊。
此刻，我如同独自站在悬崖边上，内心孤寂，茫然。

4.

连你的名字都显得如此悲伤。
我以为我们可以白头偕老，
你已经离开，我为什么还会活这么久？
你死后变成一只蝴蝶，我死后变成一朵花。
我是多么想在你宽大的翅膀底下好好地休息啊。

5.

寒冬之夜飘落的雪花，是我写给你的信。
雪花整夜一直落个不停。

寒冬之夜降下的雪花，是我对你的问候。

我独自一人坐在窗下，

询问现在是否健康，是否安眠。

那是我对你的问候。

6.

人生为什么会有离别?

我死后要变成一只鹤，

飞到没有离别的地方去。

我的丈夫啊，为我遮风挡雨的丈夫啊!

你到底去了哪儿?

为我解除孤单寂寞的人啊!

抚慰我空虚的内心的人啊!

7.

幽怨的笛声在心中回荡，

内心立刻变得凄凉。

昨夜风儿吹打着花瓣，

摇动着我的心。

天寒地冻，暴风雨降下时，你离开了我。

回想起你临终前留下的最后那句话，

泪水模糊了我的双眼。

你走后，

我就像是一只失去了翅膀的小鸟，
又该依靠谁？

8.

昨夜梦到了你，
我们在开满金达莱花的东山上悠闲地散步
一觉醒来，只是个荒唐的梦。
你的声音还在我的耳边回响。
看着空荡荡的房子，我又一次泣不成声。
岁月流逝，悲伤也会慢慢淡忘。
过去的，就过去吧。
我已经变得麻木。
可你为什么还要出现在我的梦里，唤起我悲伤的记忆？

9.

是上天安排我们在一起。
我们要肩并肩一起往前走，
一直到白头。
到我们将要离开人世的那一天，
一定要肩并肩、笑着一起走。
那样，黄泉路上才会充满欢笑。
毫不后悔地一起并肩走吧。

10.

即使千年之后、万年之后，我们的爱情也不会变。

千年万年一如既往地相爱着活下去。

窗户上的月光明亮，

唤起我对流逝的岁月的怀念。

心中幽怨的笛声响起，一片凄凉。

毛毛细雨打在凋零的花瓣上，

对于悄无声息离开的你，

我现在已经记忆模糊。

内心痛苦，远望高山，呼唤着你。

呼唤啊，呼唤啊，

留给我的只有山的回响。

11.

我不舍得让你走，

你却无情地离开了我。

在十字路口错过的人啊！

我无法忘怀的人啊！

难道这样的离别，

是因为我犯下了太多的罪过吗？

我是一只老蜘蛛

我的一个素来泼辣的女性朋友突然离开了人世。

我们一直关系很好，没想到她就这么悄无声息地告别了人世，去了另外一个世界。

在她生前，我应该多去见她几次的。现在后悔，还有什么用？

看看周围，离开我的亲人和朋友越来越多。

总有一天，谁都会离开……

屈指算来，我的身世是如此悲惨，内心又是如此空虚。

每当那些亲人和朋友一个个地离开我，身患病魔的我显得更加狼狈落魄。

想卷着紫菜包饭吃，却早已泣不成声。

是饭堵住了我的喉咙，还是因为太过悲伤？

1.

我是一只老蜘蛛。

从我的身上，再也抽不出一根丝。

现在，我已没有力气和勇气了，

身体，不听使唤了。

生活毫无希望，内心惆怅。

我自己都觉得，自己像个小孩子。

整天躺在病床上，无颜面见我的孩子们。

再活着，对我来说就是一种煎熬。

死亡并不痛苦，得病不死才痛苦。

我的寿命怎么这么长?

真是让人怨恨啊!

我该赶紧长眠不醒了。

2.

怅然望着春天，

用眼泪抚慰心灵。

还是忘了吧。

将手轻轻放在心上，

让那焦急的呼吸和痛苦的心脏休息一下。

在我的心里，春天早已远去。

不知不觉，天空飘起了霜花。

反正是我自己要走的路，
即使悲伤，又能有什么用？
即使前路凄凉，又有谁能让我解脱？
那是我自己一个人要走的路。

3.
地板上闹钟的声音，
是生命消逝的声音，
是缩短等待的声音。

埋藏在心中的故事

1.麻布衫

收拾橱柜的时候，偶然发现了出嫁时带来的一件麻布衫。

60年过去了，衣服除了有两个豆粒大小的小洞外，整体还很干净。它是用细麻布做成的，线条看上去很美。

大女儿看到了，缠着我要。

我问她要这种没用的东西干什么的时候，她只是冲我笑。

我好像是看懂了她的心思，什么话也没说，就把这件衣服给了她。

她大概是想在我死后，保存几件我的东西吧。

可是人都已经死了，保存这些东西又有什么用?

我不知道这问题的答案，心里很是迷茫。

想着这些，看着女儿，不由得心生怜悯。

我可怜的女儿啊。

2.旧内衣

本来想扔掉的内衣，后来还是没舍得扔。重新洗了洗，又穿在了身上。

女儿老是嫌我穿的内衣太旧。

我不是因为没有新内衣才穿旧内衣的。

女儿们和侄子们给我买来的内衣都装在箱子里呢。可我总觉得我都是一个将死之人了，老是穿新衣服，把它们弄得又脏又皱，不值得。

看着整整齐齐放在橱柜里面的新衣服，我就算是穿着旧衣服，也是心满意足。

可是，女儿们都不懂我的心思，总是要我把旧衣服扔掉。

3.妈妈的心

看着抚养小孩子的妈妈们，

把孩子放在温暖的怀里喂奶，

让孩子含着一个乳头，

另一只手则给孩子顺奶。

妈妈露出满意的表情，

心里既满足，又高兴。

凡是养过孩子的妈妈，都知道那种感觉。

到现在，

我又一次怀念起年轻时养孩子的那段时光。

4.怀里的孩子们

年轻的时候，看着抱在怀里的孩子，

小宝宝的眼神好像是在看着妈妈说悄悄话。

我可爱的孩子，有一双明亮的眼睛。

小宝宝的嘴唇就像是沾上了奶水的花瓣一样。

孩子拉了尿了，

妈妈就把孩子挪到干净的一边，

自己躺在被孩子弄脏的地方。

妈妈把所有的爱都奉献给了孩子。

躺在我怀中可爱的孩子们啊，

现在，你们都去了哪儿，都去了哪儿？

5.炼酱油

今天是儿童节，是大孙子仁城休息的日子。我却让他炼酱油，心里有点儿过意不去。

在院子里安上锅，开始炼酱油。我一直指使他烧火，把他累得不行。

看着炼好的酱油被倒在缸里，我的心里美滋滋的。

想着能把这些炼好的酱油分给几个孩子们，就算再累，我也觉得开心。

四季人生

1.春

山坡路上，春雪纷飞。
像是花瓣，又像是白色的蝴蝶。
我追赶着它，边跑边望。
春雪簌簌落下，不知去向何方。
慢慢将它握在手中它却又马上消失。
软风习习，春意盎然。
风和日丽的春天，
树叶葱郁，花朵绽放，
飞向蓝天的百灵鸟啼啭鸣叫，
我的心也变得畅快淋漓。
我的心，我的身体，
也想随着那百灵鸟翩翩起舞。

2.夏

可是，转眼就到了夏天。

天气炎热，人人都大汗淋漓，呼吸急促。

天气如此炎热，

谷物就在这酷暑中生长起来。

3.秋

夏去秋来。

秋天五谷丰收，心也收获了很多。

可是，晚秋将至，树叶一片一片随风飘落，

江水蜿蜒流淌，流向远方。

4.冬

秋去冬来。

严寒无法阻挡。

人的一生犹如四个季节。

春天心情开阔，

夏天闷热难耐，

秋天心里收获很多，

冬天耐着严寒，一直坚持，

直到内心变得更强大。

这就是人生。

秋天的山

我喜欢山，喜欢大自然。树丛好像在对我招手。每次爬山，都会心情舒畅；每次爬山，都会觉得那是我的故乡一样，心里既是幸福，又是愉悦。

要是我的身体还很健康该有多好啊！

那我就可以每天爬山了……

心里真是郁闷啊。

六个儿女都有私家汽车，可那东西对我来说毫无用处，我只能眼睁睁地看着远处的山。所有的东西都是画中饼。虽然我有很多孩子，可是真正懂我的，又有多少？

最近要是能去爬山就好了。

这个季节去的话，还能捡到野栗子和橡子。

深山里还会有野葡萄和猕猴桃。

这么好的山，现在我只能远远地眺望一眼了。

1.

旅行的脚步再怎么匆忙，也要记得停下来回望。

回望秋天的美景，

和那被枫叶渲染的五彩缤纷的大山。

这时候，总能再次唤起我们对过往事情的回忆。

2.

秋天丰盛、陶然。

秋天的阳光，就算是一拃，也觉得珍贵。

我们家的故事 2

爸爸在铁道局工作，经常调动，我们一家人跟着爸爸搬了好多次家。从开城到汶山、马石、加平、春川，直到1960年才在首尔正式定居。现在我们在首尔住的房子是爸爸亲手盖起来的，院子里的柿子树和丁香树是爸爸种下的，还有树下的木椅，也是爸爸亲手做的。

爸爸退休后得了病，57岁就去世了。当时，我们6个兄妹只有作为老大的我结了婚。下面的5个弟弟妹妹都还在上学，有的上初中，有的上高中，有的上大学。从那时候开始，妈妈就做起了鲜鱼买卖，赚钱攒弟弟妹妹们的学费。除了卖鲜鱼，她还熬夜给假花贴花瓣，辛辛苦苦地抚养着我们6个兄妹。我虽然已经结婚了，可是一点都没能补贴家里，反而因为丈夫公司的破产欠了很多债，生活极其拮据，让妈妈很是担心。

庆州家庭旅行

爸爸做的木椅

首尔娘家小院

勉强的孝道

快到妈妈寿辰的时候，我预约了山井湖水韩华宾馆，并自认为这是对妈妈的一片孝心。

妈妈只有在农忙季节才会住在抱川一洞地区。这个宾馆离一洞很近，而且我听说那里的温泉很好，好不容易聚在一起了，就让妈妈来这里泡个温泉，顺便欣赏一下外边的美景吧。我心里合计着。

我跟妹妹们说了以后，她们都很高兴，于是我提前半个月就预约了宾馆的两个客房。

可是，离妈妈的寿辰还有两天的时候，二妹打来了电话，说第二天是妹夫的生日，来不了了。接着，另一个妹妹也打来了电话，说要去参加一个婚礼。最后，小妹也打电话来说自己身体不舒服，也来不了了。

她们都不来弄得我很失望，没办法，我只能取消了宾馆的其中一个房间。

跟丈夫走在去妈妈家的路上，我的心情极其低落。

但没想到，当我们快到的时候，弟弟妹妹们又打来电话说都要来。说是妈妈的生日好不容易才能聚在一起，不来觉得心里过意不去，于是就狠狠心把其他的事儿都推了。

我急忙联系了宾馆，又预约了一个房间。幸好，还有剩下的客房，真是让我出了一身冷汗啊！

兄弟姐妹们到齐了之后，拿出了各自的饭菜，凑齐了一桌殷实的菜。

吃了午饭收拾完饭桌后，我就跟妈妈说一起去山井湖水玩儿的安排。

可是妈妈却说太麻烦了，不想去。我说让她躺在私家车的后面座位上，这样会很舒服，可是她还是不同意去。就算我跟她说已经预约了宾馆的房间，她也还是死活不去。

其他人也都说，既然妈妈不想去，那就别为难她了。

听到这些，我伤心极了，自己一个人走到栗子树下，看着收割了稻谷的田野，望着空荡荡的山野，不禁流下了眼泪。本来预约好的房间，取消了，后来再预约。这样折腾来折腾去，已经很对不起宾馆的负责人了，我实在是不好意思再打电话取消。没办法，那就只能我们夫妻两个人去了……

大弟弟一家有事儿要忙，说是吃完午饭就得走；小弟弟一家因为孩子还要上学，就跟妈妈道歉说下次有时间再来看她，也说一会儿要早点儿走。如此一来，去宾馆的人只剩下我跟我丈夫了。看着因为身体虚弱哪儿都不想去的妈妈，我的心里难受极了。

当时我的心里闷得很，想在其他人走之前离开，于是就催促丈夫快点儿走。妈妈很吃惊地问我们为什么要走这么早，她不停地挽留我。最终，我还是甩开她的手，转身上了车。

虽然我脑子里是理解她的，可是心里还是生气了。我跟妈妈说，我们家没人吃她包的那些菜，然后把盛菜的包袱放到了车窗外。

车子一启动，我就无情地甩开了妈妈的手。我心里难过极了，有种要窒息的感觉。在去宾馆的路上，我一直不停地掉眼泪。

那一刻，我是多么像个没心没肺的不懂事的孩子啊。现在想想，真是丢人啊！

我们预约的房间号是415和416，两个房间正对着。当初，我就是考虑到家人来回走动比较方便，才故意拜托宾馆的工作人员给我们留两间对门的房间的。

进了宾馆，我解开行李，躺在空荡荡的大房子里，心里五味杂陈，既伤心，又后悔，那种感觉痛苦极了。

天快黑的时候，弟弟给我打来了电话。说大家正陪着妈妈往宾馆这边赶呢。我一听这话，首先感到的不是开心，而是难过。妈妈肯定是觉得自己伤了我的心，心里不安才跟来的。

弟弟妹妹们在两边搀扶着妈妈走进房间，我当时羞愧得不敢看妈妈的眼睛。稍微休息了一会儿后，我们陪着妈妈准备去桑拿房。从电梯下来到温泉浴场还有30米的距离，妈妈自己不能走，得让弟弟背着。她觉得让别人背着很丢人，即使是自己的儿子，她也觉得很不好意思。但是没办法，她身体不好，只能让人背着去。她趴在弟弟的背上说："唉，这条路还真是长啊！"那一段短短的路，她流的汗比弟弟还多。

到了桑拿房后，妈妈在妹妹们的搀扶下在前边走着，我在后边看着她们。那一刻，我才发现，妈妈已经瘦得皮包骨头了。后来，给她称体重，竟然只有74斤。

我们陪她进了澡堂，她先从一只脚泡起。在两个女儿的搀扶下，她进了水里，四处张望着宽阔的温泉浴场，高兴地说："天啊！怎么会有这么好的地方呢？"

妈妈走路不方便，总是怕出门给孩子们添麻烦，所以她不愿意出门。我在想，我这么强行把她拉出来，到底做得对还是不对呢？

当妈妈身体健康的时候，我一次也没陪她出来旅行过。现在她身体不如从前了，甚至行动都不方便，我却强行要让她出来玩儿。想到我做的这一切，泪水便止不住地往下流。

我是不是太愚蠢了呢？

妈妈可能是泡温泉泡得太久太累了，天一黑，她就早早睡了。躺在妈妈的身边，我越发觉得自己强拉妈妈出来玩儿是多么愚蠢！

久久不能入眠。

啊，孝道也有瑕疵啊！

父母节的礼物

父母节的那天，我们兄弟姐妹连同自己的另一半全都聚集到了老家。孙子孙女们都要上班，曾孙子们要去上学，家里就剩下了我们这些老人。我们聚在一起，一个一个地拆开送给妈妈的礼物，度过了一段快乐的时光。

大家准备的礼物各不相同。有咸黄鱼干，有化妆品。其中，弟媳给妈妈买的带花边的白毛衣人气最高。妈妈很喜欢，弟媳也很高兴。

我每年都会给妈妈买礼物，今年打算直接给点儿钱就行了。就这么直接给钱显得有点儿别扭，于是我一边掏钱，一边说："妈，我什么都没给你买。"

可是她却说："还是给我钱好啊。"

妈妈身体不好，腿脚不方便，从来不去市场，对她来说，用钱的地方很少，也就是曾孙子们来的时候给他们点儿零用钱花。但她总是给那些来看望她的客人回去的车费，手里有钱，她才会觉得安心。

我们边聊天边拆礼物，说说笑笑，转眼就到了吃午饭的时间。弟弟妹妹们收拾收拾家里的菜都摆了出来。大家都饿了，都吃了不少。妈妈还拆开咸黄鱼干放在饭匙里吃，一副很好吃的样子。

吃完饭后，准备切蛋糕。大家都说这是“托妈妈的福”。妈妈笑得很开心，后来，我却看到她的眼角噙满了泪水。

我们也一下子哽咽了。切了一块蛋糕放到妈妈手上，她吃得很香。看着她爱吃，我心里美滋滋的，可是我突然想到，最近她的消化能力下降，如果吃多了，就会引起腹泻。为此，我又开始担心妈妈会不会吃坏了肚子。

现在，她不吃饭我担心，吃多了我还要担心。

妈妈换上了弟媳给她买的毛衣，开心地笑了。我嘱咐她不要舍不得穿，说完这句话，我的心里一阵酸楚。

现在妈妈还有什么舍不得的啊?

妈妈和小弟站在丁香树下，我给他们拍了张照片，想要留下妈妈灿烂的笑容。小弟就像是拐棍一样站在妈妈的后面。妈妈好像也觉得安心了很多，很幸福的样子。

我们兄妹6个都到齐了，一起为妈妈庆祝了父母节。妈妈好像好久都没笑得这么开心了。

我想，对于妈妈来说，最好的礼物莫过于我们这些孩子们围在她的身边，听她说说心里话了。

偶尔，哪怕是偶尔，回趟家，跟妈妈说一句：“妈，我想吃你做的饭了！”这就是一种孝道吧！

家庭春游

擦干净了胶鞋，

放在阳光下。

可是，又没地方可去。

放着放着，

还没来得及穿，

又要擦了——

这是很久以前妈妈写的一篇日记。当我第一次看到这篇文章的时候，别提心里有多难受，多后悔了！

别说是旅行了，在这之前，我甚至一次都没陪她出去玩过。

擦着胶鞋，她的心里会想些什么呢？

她吃了一辈子的苦，实在是太可怜了。

那年春天，樱花开的时节，我给庆州普门园区打了电话，问清楚了樱花开得最好的时间。然后定了日期，联系弟弟妹妹们。我跟他们说，想要陪妈妈去旅行3天。在我半强迫似的推动下，弟弟、妹妹、妹夫、弟媳，一个不落，全都参加了。

一到庆州普门园区，展现在眼前的全都是樱花。妈妈高兴得像个孩子一样，说这是她第一次看到这么漂亮的樱花。那一次，我第一次看到妈妈那么开心。

从宾馆的窗户往外看，满眼都是樱花。

妈妈站在窗前，久久没有离开。

她说："自从年轻的时候跟你爸爸去昌庆宫赏樱花之后，我就再也没出来赏过樱花了。"

看着樱花，她想起了早已去世的父亲。

爸爸去世以后，妈妈一个人挑起了家里的重担，又当爹，又当妈，那些年该是多么辛苦啊？比起现在干的农活儿，恐怕当初抚养我们这6个孩子还要辛苦一千倍一万倍吧！

第二天，起风了。樱花随风飘落，如同下了一场樱花雨。

在生命中最灿烂的时刻凋落的花，实在是美极了！

想到妈妈总是腿疼，我们借来了轮椅。起初，她觉得坐轮椅丢人，死活都不坐。可是，转了几个地方后，最终她还是答应坐在轮椅上，由女婿推着她走。

我们转完了普门湖后，坐车去了石窟庵。石窟庵不让游客进入，只能在外边看，虽然觉得有点儿遗憾，但是就算只通过窗户看，也觉得很神奇。

那天阳光很好，我们陪着妈妈转了雁鸭池、金庾信（将军）庙、天马冢。一路上，妈妈对什么都觉得很新奇，不停地称赞。她还在佛国寺放了钱，在佛祖面前行了礼。虽然我不知道她许了什么愿，但我想，大概是祈求佛祖保佑我们这些孩子们都能健健康康、无病无灾吧！

逛完了庆州一带后，我们去蔚珍（地名）那边的江口港吃了巨蟹料理。妈妈第一次见到这么大的螃蟹，觉得很神奇。我没敢告诉妈妈吃饭花了多少钱。如果告诉她，她肯定又要大吃一惊，怪我们为她花太多钱了。

我们把螃蟹剥开，取出里面的肉，放在妈妈的盘子里，她吃得很香。看着妈妈吃饭的样子，我和妹妹四目相对，笑了，然后，哽咽了。

妈妈这一辈子，一直在为我们这些孩子而活，又何曾为自己高兴过一次？

妹妹说："以后咱们要经常陪妈妈出来旅行。"我们大家都点点头，表示赞成。

和妈妈在一起的那天，江口港的大海显得格外蓝，格外清澈。

回去的路上，妹妹提议，去安东河回村转一圈。可能是觉得好不容易出来旅行一次，就想跟妈妈多去几个地方看看。我们都在担心妈妈的身体会不会吃不消，没想到妈妈却像是忘了劳累似的，只沉浸在旅行的开心之中。

我们掉头准备去安东。

去安东的路上，有很多桃园，一眼望去，全是桃花。看到那些在斑斓的雾气中缥缈的桃花，我们禁不住停下了车。把妈妈从车中搀下来，我们一边走，一边欣赏桃花。被阳光照得软软的土地散发着春天的气息。

春风，吹拂着妈妈的白发。

我们让妈妈坐在轮椅上，慢慢围着河回村走。河回村以一条大路为分界线，分成了南村和北村两个村庄。北村的养真堂和北村宅跟南村的忠孝堂和南村宅两两对立，是典型的两班家屋。虽然以前也来过几次，可是这次跟妈妈一起来，感觉跟以前很不一样。

洛东江以S形环绕着河回村，让这个村庄显得更美了。

可是，时间是留不住的，不知不觉就到了该离开的时候。本来计划要看的假面舞演出也来不及让妈妈看了。带着这份遗憾，我们开车离开了河回村。

结束了长时间的旅行后，在回首尔的路上，妈妈一直在车里睡觉，睡得很沉，很香。她的头靠在我的肩膀上。

透过车窗，我呆呆地望着外面红色的晚霞。

那天晚上，妈妈在日记中这样写道：

我的孩子们都很孝顺，

没想到在我有生之年还能享受这样的福分，

这比去东南亚旅行还让我感到幸福。

看来，妈妈当初很羡慕那些去东南亚旅行的人。

冬天已经远去，写着这些文字，看着窗外明媚的春光，妈妈在医院里，静静地一个人远去了。

“妈妈，我爱你！”

虽然已经很迟，但我还是要说出这句当初未能说出口的话。

妈妈，请不要伤心

50岁的时候，我辞掉了学校的工作。我想趁现在还不算太晚的时候，把以前想做的事情都做完。

65岁的时候，我独自一人从南海一直走到了统一展望台，走到了国土的尽头。67岁的时候，我连续走完了东海、南海和西海。不仅如此，到现在还在进行着我的五大江之旅。

我就是这样把我的足迹留在祖国的角角落落的。

有一天，一个偶然的机会，我读了一个60岁的老修女和她的老牧师朋友一起在圣地亚哥巡礼路上写的一本书。读了那本书后，我突然就特别想走一走他们曾经走过的那条路。照片中的圣地亚哥深深地吸引着我。想去圣地亚哥的渴望之情久久不能平息。

那时候，我买了4本关于圣地亚哥巡礼的书。越读书越想去那个地方看一看。

但是，那么远的地方不是我想去就能去的。我虽然经常在国内徒步旅行，可是还真没想过要独自一人去西班牙。所以，我开始怂恿身为旅行专家的儿媳和摄影师大儿子跟我一起去。为了让他们答应，我编了很多理由来说服他们，可是他们都说太忙了不去。当时别提我心里有多难受了。

没想到，没过多久，大儿子和儿媳就给我打电话说要跟我一起去旅行。虽然我一直都特别想去西班牙旅行，可是真说要去的时候，我还真有点儿措手不及。要准备的东西太多了。最重要的是，我要是走了，估计又得过很久才能见到妈妈了。而且，儿子儿媳说趁着去圣地亚哥，一起把西班牙都逛遍。

我们预订的旅行日程是70天，我得告诉妈妈我出行的那段时间就不能来看她了。上周去看望她的时候，我没敢说就回来了，现在离出发的日期越来越近，没几天我就要走了，不得不告诉她了。

我怀着沉重的心情开车去妈妈住的一东（地名）。可是我总是担心妈妈知道了会很伤心，所以迟迟不敢开口。直到深夜我也没说，就那么睡了。

早晨醒来，没看到妈妈，就出去找她。她正坐在栗子树下的平板床上磨辣椒。我站在那里，呆呆地看了她一会儿，不知道为什么，心里突然很难受。

在早晨明媚的阳光下，妈妈的身体越发显得娇小、单薄，就像个孩子一样，估计我那么老的人都能背得动她。最近，她的手腕老是疼，围上了护腕，可还是从来不放下手里的活儿。

妈妈耳聋，专心致志地在磨辣椒，直到我走到她面前坐下的时候，她才察觉到。我贴着妈妈的耳朵喊了一声："妈！"

"怎么这么早就起来了？不再睡会儿？"

"……妈，我要去国外了！"

"去多久？"

"两个月！"

我不忍心告诉她其实我是要离开两个多月。

她的脸上突然就显出了一阵凄凉。她安静地磨着辣椒，然后说："去吧，两个月后健健康康地回来看我！"

听了她的话，我什么也说不出来，静静地抚摸着她瘦削的背。

妈妈也没再说话。

过了一会儿，她突然问："那个地方有多远？"我故意安慰她说："稍微有点儿远，不过坐飞机一会儿就能到。"

对于我这种编造的谎言，她还是像个孩子似的点了点头。我心里清楚，对于她来说，自己的大女儿要离开她去那么远的地方，很久都不能再见面，她的心里该有多乱啊！

不久前，我因为要去海岸徒步旅行，曾经4个月没能去看望她。那时候，我走在海边的小路上，经常停下脚步向着大海大喊："妈！对不起！"也还经常独自落泪。

我都想不明白，我为什么动不动就要丢下年迈的母亲独自一个人去徒步旅行。可是，如果我不去，干什么就都会觉得不顺手，心里就会觉得很郁闷。估计是中了旅行的毒吧。就像那些性格急躁的野生动物，当被我们关起来的时候，内心总是不安定，最终还会得不治之症。

妈妈没说话，我觉得有愧于她，也沉默不语。

她再也没提关于旅行的事儿。

那天，我跟她一起种了白菜，摘了辣椒。

不知不觉就到了该离开的时候。

每次走之前，妈妈总是会急急忙忙从冰箱里拿出很多东西让我带着，让我吃这，让我吃那。那天，她还把弟弟买给她的葡萄包在纸里让我带走。我瞥了一眼冰箱，里面什么东西都没有了。

后来，我又悄悄把妈妈给我的葡萄放到了冰箱里。

我让妈妈坐在车里，让弟弟妹妹们坐在妈妈旁边，给他们拍了张合影。照片里，虽然他们都笑得很开心，可是我还是能看得出来，他们刚刚哭过。

小妹妹悲伤地说："我也不想让姐姐走！"

我向他们道歉，并嘱咐他们一定要乖乖的，说着说着，大家就都哭了。若是没有这些弟弟妹妹们，也许我也不能有要离开妈妈去旅行的想法。

多亏了有他们在。

我坐在妈妈的身边，用手搂住她的肩膀，让妹妹给我们拍了一张照片。我突然泪如泉涌。弟弟妹妹们也都哭了。

我趴在妈妈的耳朵旁边，哽咽着说：

"妈，别伤心！我会给你买很多礼物回来的！"

忍着泪水，我甚至语无伦次。

到了要离开的时候。我发动汽车，转下了车窗。看着妈妈，我能看得出来她一直忍着不在我面前哭。车子一启动，她才敢哭出来。

妈妈身体不好……

她肯定会望眼欲穿，等我回来的。等我回来的那天，祈祷她不要生病，一直等我回来……

趁着年轻，就该多出去转转

70岁生日那天，我出发去济州岛olle路旅行。

虽然两个儿子都想给我摆酒席庆祝生日，可是我总觉得现在大家都很忙，也不愿意抽出时间来专门为我庆祝什么生日。所以，我就跟丈夫说不想摆宴席庆祝了，想去济州岛的olle路旅行。丈夫欣然答应。我们就一起制订了去济州岛旅行的计划。

每次出去长途旅行的时候，我总是很担心身在家中的妈妈。

跟她说我要去济州岛旅行的时候，她当时患病在床，躺在床上跟我说：

“去吧，趁着年轻，就该多出去转转！”

这是她经常说的一句话。

在向新的徒步旅行社会员介绍自己的时候，我偶尔引用妈妈说的这句话。当他们听一个年已七旬的老人说“我妈经常说‘趁着年轻，就该多出去转转’”时，都会捧腹大笑。让那么多人开心，我总觉得自己好像真的是因为年轻，所以才这么精力充沛的。

那是妈妈90多岁时的事儿了。

小弟弟跟妈妈说，他在水原的公司旁边有一块空地，想在那边给她盖一座组合式的房屋，让她在那边干农活，问她是否同意。那样的话，妈妈住得离弟弟更近，就不用我们太担心了，兄弟姐妹们看望她也更方便了。

那时候，妈妈回答说："如果我现在是70岁的话，我一定会答应的。"后来，她还说过同样的话。

妈妈在房前屋后的地里都种上了蔬菜。旁边一户人家有一块地荒着，妈妈看了觉得怪可惜的，在征得那户人的同意后，就在地里种了地瓜。那块地里结出来的地瓜格外好吃。第二年，那户人家说要把地卖了，大弟弟就说要给妈妈买下来，可是妈妈却说："如果我现在是70岁的话，我一定会答应的。"

妈妈的年龄标准永远都是70岁。

现在我就是70岁，是妈妈最羡慕的年纪。也许是因为这样，我从来都没有过"年龄太大，干不了这，干不了那"的想法。

而且，现在是"百岁时代"了。在百岁之前，若用年龄来衡量某件事情干还是不干是不行的。现在定义"老人"的年龄标准也已经变了。活到七八十岁纯属正常。要是再活得久一点儿，活到八九十岁，却什么也不做的话，生命最后的20年就算是荒废了。如果想活到100岁，就得再学些新东西，心里怀着梦想，然后迎接挑战。

今年我已经72岁了。我这个年龄，还得学会用智能手机。

今年春天，我去首尔市立美术馆接小孙女，然后带她在馆内的餐馆吃她喜欢的牛排。正吃着饭，女婿发来了短信："妈，我们家宝瑟就拜托你了。"

看完短信，我就用智能手机给正在吃牛排的孙女拍了张照片，给女婿发了过去，还附了几个字："正吃得香呢！"接着又来了短信："哎呀，看来又要花妈不少钱了！"

我笑了，回短信开玩笑说："嗯，就是呢！呵呵呵。"

从6年前开始，我就玩起了微博，在微博上跟很多人沟通交流，同时，也通过微博知道了很多消息。

今年4月，我开始在贞洞（地名）学术研究院听"成为一名旅行作家"的讲座。跟年轻人在一起听课特别有意思。听了20个小时的讲座之后，虽然没能成为一个旅行作家，但是从中学到了一些东西。

上网的时候，偶然看到了一篇文章，叫做"老人生活法则"。

1：每天做一件好事儿。

10：每天见十个人。（意思是提醒老人要多跟别人接触）

100：每天写一百个字。（意思是提醒老人要善于记录）

1000：每天读一千个字。（意思是提醒老人多读书）

10000：每天走一万步。

做到这些，你就会成为一位成功的老人。

90岁的妈妈觉得70岁很年轻。

年龄只是个数字而已。就算老了，也千万不要害怕，如果你能在年老的时候大胆地对自己说："我这个年龄算老吗？"然后挑战生活中遇到的一切，那么我相信，你肯定会像一个年轻人一样活力四射的。

捡橡子的那天

妈妈很喜欢山。

腿脚灵便的时候，春天，她经常跟我姨妈去山上挖野菜，秋天则去山上捡橡子。在山上逛一天，把捡到的橡子带回家摊开，整个家里都散发着橡子的香味。妈妈特别喜欢捡橡子，一到秋天就去山上捡，每年都能捡回好几袋。

小弟的岳母就住在抱川一东的后山上，那里有很多栗子树和橡子树。每年亲家都会给妈妈捎信，让她去山里捡橡子。

妈妈腿还没受伤的时候，每年秋天我和妹妹都会陪着她一起去亲家后山上捡橡子。她腿脚不太灵便，我们两个人就搀扶着她，让她坐在橡子树下面。她一坐下就开始挪动着在周围找橡子，脸上总会露出幸福的表情。

我和妹妹看着妈妈，偷偷地使眼色，然后串谋起来耍鬼心眼。我们把捡来的橡子偷偷地放在妈妈的周围，然后用落叶盖起来。妈妈对此一点儿都没有察觉，她在落叶下面找到橡子后，高兴地说：“怎么掉了这么多的橡子呢？看来今年会结出更多的！”我和妹妹看着妈妈开心的样子，都笑了。

两个小时后，我们三个人把捡来的橡子聚在一起，竟然足足有两斗，送给了亲家一斗。回家后只要把橡子磨成粉，然后就能用橡子粉做凉粉吃了。

可是，做橡子粉不像说得那么容易，需要经过很复杂的程序。

首先，得去碓房把橡子磨了，将磨出来的粉盛在袋子里。一边揉，一边倒水，直到把这些粉末揉成一个疙瘩。都泡好了之后，将袋子里的皮去掉，让淀粉水沉淀。

光看着妈妈做，我都觉得很累。要是我，是肯定不会做的。可是妈妈每年都会做，然后分给我们兄妹6个。吃了用妈妈做的橡子面熬成的凉粉，就会觉得用别的橡子面做的凉粉一点味道都没有。若是再放上点儿蔬菜丝儿，又嫩又滑，还很有劲道。

妈妈总是不嫌麻烦，不仅做橡子面，还给我们做很多好吃的。她还买来带壳的大麦，亲自磨成大麦芽油。用妈妈做的麦芽做出来的饭只需要很短的时间就能发酵，然后做成米酒。凡是尝过这种米酒的人，都会问我是怎么做出这么好喝的米酒的。

回首这些年，我就是这样在妈妈的疼爱下生活的。

有妈妈在，一年四季不仅能吃到大酱，还能吃到很多妈妈亲手做的好吃的东西。仿佛也是依靠着这么一个好手艺，我才得到了活到现在的勇气。

橡子凋落时节，妈妈的音容笑貌总是在我眼前晃动。现在我就开始担心，如果没了妈妈，今年秋天该怎么熬得过啊！

NO.3
都是我的朋友

窗外的风儿，
掺杂着死亡的呻吟声，
我听到了新生儿的呼吸声。
失眠的夜晚，
向风儿诉说我的心声。

吾家风景

*1.*我的房间

我的房里乱七八糟的东西很多。

大女儿用过的化妆台和电话机，儿子买给我的电视，女儿们买来的衣橱……什么都有。

化妆台上放着孙子们送给我的化妆品礼物，还有假花。墙上挂着挂历、钟表、铜金鱼装饰品。

女儿们抱怨说屋子里太乱了，让我把那些乱七八糟的东西扔出去，可是我看了一圈，觉得什么东西都留有孩子们的痕迹，一件也不舍得扔。虽然那些东西已经很旧，没什么用处了，可是我天天看着它们，早已经产生了感情。

我死后，这些东西都会随我一起烧成灰的。

今天还擦了擦女儿用过的化妆台镜子。

我好像从镜子里看到了女儿。

2.酱缸台

家里有很多酱缸。

有的酱缸太大，现在已经不用了。还有些酱缸里面盛着豆酱、掌子面、酱油、辣椒酱。

辣椒酱的酱缸除了这个家原有的，还有庆花家（大女儿家）、春然家（小儿子家）、明花家（三女儿家）的，全都在这里。他们都住在公寓里，不方便保管这些东西，只能放在这里，吃的时候再来拿。酱油和大酱也是边吃边拿。最近，可能是因为现在家人大都爱吃韩国膳府酱油，就不怎么吃朝鲜酱油了。

保管这些酱缸也不是件容易的事儿。太阳出来的时候，要把酱缸的盖子打开，晚上再盖上。只有经常用抹布擦拭，酱缸才会闪闪发光。

以前，人们都很看重酱缸。通过看酱缸，就能知道这家的女主人是个什么样的人。可是，现如今，大家都买辣椒酱和大酱，不再亲手做了。好像以后酱缸就再也没有必要存在了。我死后，这些大缸和罐子就一点儿用处也没有了。

想到这些，我突然觉得，这些酱缸的命运就跟我一样。

3.老家的窗户纸门

窗户纸门隔音效果很差，但是很暖和。

老家的门，是窗户纸门。我对火光映射下的窗户纸门特别有感情。

窗户纸门总能发出一些声响。

玻璃门隔音效果很好，也能挡风，可是却不暖和。

我对它也没什么感情。

4.鸡窝

鸡窝里面的鸡，好像很冷的样子，蜷缩成一团。

露出的鸡爪瑟瑟发抖。

可是，也许那些被风吹起的羽毛更冷吧。

5.鸡的死

养的鸡死了。

家里有一只公鸡和两只母鸡。

那只笨笨的母鸡没死，那只常常下蛋的漂亮母鸡却死了。

我没好好喂它们饲料，只给它们吃剩饭渣，看来它们是病了。

看着死去的鸡，我不由得掉下了眼泪。

真讨厌没死的那只笨鸡。

我的性格

活了这么些年，每当遇到困难的时候，我总是用长远的眼光去考虑事情，然后坚强地忍耐过去。

这一辈子遇到的难事儿真是太多了。

年轻时婆家生活的艰辛，丈夫伤了我的心。一个人拉扯着6个孩子，前途无望的时候我还是咬咬牙就坚持过来了。

现在要做的事还是很多，没有人帮我做，我不能就这么躺着。就算是累死，我也得拼命地干活。

我是那种要是有什么事儿没干完就睡不着的人，从年轻的时候起就这样。

不管事情再怎么多，我从来不会让别人替我做，我也从不知道爱惜自己的身体。就算我身体累垮了，我也要把自己该做的事情做完。

人死了身体就会腐烂，爱惜它有什么用？我一直这么想。

在这个世界上，没有人真正懂得我内心的想法。每想到这个，心里就觉得特别不是滋味，遗憾极了。

1.

在朦胧的灯光下，我们亲亲热热地坐在一起闲聊。

我们的人生就像是旋转的水碓一样，回首过往，想起逝去的岁月，总觉得那时候的自己很幸福。

年轻的时候，一件小事就能让我很开心。

老了以后，就算是再好的事情，我也高兴不起来。

我性格很冷，脾气不好，人缘也不好。

我不会说一些暖人心的话，不懂得如何表达自己的感情。

我努力想对别人好，可是别人总是察觉不到，这让我很郁闷。

心里满是惆怅。

2.

以前不管别人说什么，我从来不会发火。现在我变了。就算别人什么也不说，我也总是想发火，内心空虚，郁闷而寂寞，让人捉摸不透。每当这时候，我都会让自己忙起来，以此来排解内心的忧愁。不管是谁的脸色变了，我总是会忐忑不安，非常敏感。

我好像是病了，心里总是觉得不舒服，坐立不安，内心忧虑。这好像就是我的性格。

今天从早晨就开始下雨。

我独自一人坐在屋里听着雨声。

不看电视，也还是将电视打开。

自己一个人在房里的感觉，很凄凉。

3.

不要跟那些没吃过沾有泪水的面包的人谈论人生。（即：不要跟那些没受过伤害的人谈论人生。）

年轻，就要多吃苦，多受累。

以前没吃过苦的人，现在已经到了把那些没有价值的话藏在心里的年纪了。

经历了那么多，我的人生也变得有了价值。

只有那些饿过肚子的人，才能理解饿肚子的痛苦。

我能理解别人的痛苦。

4.

年轻的时候，轻而易举做过的事儿，到了80岁的时候，就算很努力地去做，也会觉得很困难。

一直不停地做家务，可总也做不完。才做了一点事儿，就觉得腰疼得跟要断了似的。

本来不想做的事情，要是偶然间被我看见了，不做心里就不舒服，必须要做。

最近打扫院子里的落叶，扫了好几遍，可还是跟没扫过似的。

我的兴趣

1.

我们家的房顶是我的田地。

在坏了的锅里，在洗漱的脸盆里，在塑料泡沫海鞘盒里……放上土，种上辣椒、生菜、洋葱、茼蒿和野芝麻。

我上上下下在屋顶和地面上穿梭，孩子们都以为我是硬撑着保持好的精力，他们都不知道我行动起来有多不方便，身体像是压上了千斤顶，那种痛苦，无人知晓，只有我能体会。如果说身体不舒服就躺在热炕上，对我来说还不如忍着疼痛爬上屋顶好受呢！每天爬上屋顶两次，给蔬菜浇浇水，再爬下来。

抚摸着一棵棵新鲜的生菜和茁壮成长的辣椒，那种感觉像是在抚养自己的孩子一样，幸福、满足。

我就这样把修整蔬菜当做一种享受，度过生命中的每一天。

2.

生活里有太多孤独。所以，就算是听见鸡叫，我也会觉得很神奇，会把注意力转到鸡身上。我甚至把乐趣放在种辣椒上，然后在它们身上下工夫。工夫没有白费，辣椒长得很好。

蔬菜和家畜就像是我的孩子一样。就算是没有根的蔬菜，只要下工夫，它就会生根发芽，开花结果。

不管什么事情，只要下工夫，没有办不成的。

有些品质不好的人，连禽兽都不如。就算是那些不会说话的畜生，也能体会我下的工夫有多大。于是，那些不会说话的蔬菜和家畜就成了我的朋友。

每天早晨和晚上，爬上屋顶去给蔬菜浇水，那种感觉，跟当初养孩子的时候一模一样，心里满满的全是幸福和满足。

我的决心

回首我所走过的道路，每个脚印都充满了悲伤的泪水。我这一生中经历了别人无法想象的痛苦，就像是传说一样。我的痛苦永无止境。现在我只能将它们交给上帝了。

我不能让别人感到悲伤。每次看到那些伤心的朋友，我做不到视若无睹。我看不得别人可怜的样子。

在活着的时候多做些有意义的事情吧！

正正当当地生活吧！活得潇洒些吧！——我暗下决心。

我尽自己的努力给孩子们一个好的未来，安守本分。

甩掉虚荣心做真实的自己。

我应该好好珍惜剩余不多的日子，热爱生活。

面对生活，面对冷漠，让风儿把常年堆积的怨恨和牢骚都带走，笑着面对余生。

1.

用一颗愉快的心和抖擞的精神，来迎接新年的第一天。

让我们一起努力，互相合作。

团结起来，爬上陡峭的山坡。

以苦为乐，放松心情，迈出充满希望的第一步。

幸福之树深深扎根于这一片沃土中。

树枝伸向天空，家中充满了欢声笑语。

虽是新年，可也不能偷懒，应该勤奋地生活。

毫无遗憾地、勤奋地生活。

是弦乐器的声音，

给我们家带来了健康和和睦。

2.

寻找幸福吧，寻找幸福吧，

将所有的杂念都丢掉吧，都丢掉吧。

将那些凄凉、伤痛、心酸、愤怒、孤独、伤心，

全都交给风儿，让它带向远方。

再试着寻找一下幸福吧。

再试着寻找一下微笑吧。

理解家人们吧，把自己的爱都奉献给家人们吧。

忘记伤痛，试着微笑吧。

3.

天空以高为荣，大海以深为傲。

大地宽广温暖，拥抱着世间万物。

人生路上，即使风雨交加，我们还是要坚持到底。

鼓足勇气生活吧。

加把劲努力生活吧。

变弱的心

今天晚上，我对自己很失望。精神恍惚，思潮起伏。

吃完晚饭后，在煤气灶上煮大麦茶。大麦茶都熬干了，我也没有察觉。我本来就已经因为这件事很惊慌失措了，心里很害怕因为自己的一个过失引起危险，没想到仁城的爸爸（我的大儿子晶然）还跟我抱怨说差点儿引起火灾。听了这话，我无力辩解。

不安和伤心交织在一起，我忍不住掉下了眼泪。

不是对孩子说的话不满，而是觉得自己现在什么都做不好，成了一个废人了。心里难受。

那天晚上，我失眠了。一直到很晚才睡着。

1.

仁城的妈妈（我的大儿媳）每次领了工资都会按时给我零花

钱。每天晚上下班的时候，还会给我买香蕉、橘子或者苹果。他们对我很好，可我现在已经老了，总跟个孩子似的，动不动就想发火、发神经。

人老了，就会变得敏感而又脆弱。

仔细想想，都是些微不足道的小事儿，根本不值得发火，可我总是不高兴。不值得哭的事儿，我却总是流眼泪。

慢慢地，我发现那些都是我的错，都怪我。

我的忍耐性也慢慢下降了。

我也知道，现在的我变了，不是以前的我了。

仁城妈妈啊，你当初肯定对我已经厌倦，反感了吧？

实在是对不起啊！

2.

不知道为什么，我变得越来越脆弱。

只要别人对我稍微好一点儿，我的心就会倾斜向他（她）；只要别人对我稍微有点儿不好，我就会觉得心酸难过。在我有生之年，家人们要是能鼓励鼓励我，那该有多好。

聊天聊得起劲儿，聊到嗓子干的时候，喝口水都觉得浪费了聊天的时间。

独自一人躺在冷清的房间里，翻来覆去难以入睡。

如果我的身体状况差到自己都不能上厕所的话，我该怎么办啊？

在这夜深人静的夜晚，我的忧心也越来越重。

3.

人生就像是一朵野花。

秋雁的鸣叫声像在梦中一样消失渐远。

后来，天空下起了白雪，纷纷扬扬。

镜子里的我，脸色很是憔悴。

不管去哪儿，我都很难理直气壮、大大方方地把我自己展现给别人看。

不管去哪儿，我都没有勇气。

不管去哪儿，我都无精打采、有气无力。

4.

我们家里很凄凉。

无处能安下心。

想念那温暖的手、温暖的谈话。

儿子每周来看我一次，吃过饭就走。

晶然工作很累。

可是从来不会跟妈妈说些什么。

心里一片孤独寂寥，晚上孤枕难眠。

家里和睦的气氛早已远去，只剩下冰冷的风儿。

没有人陪在我的身边，更没有人关心我。

我们家的故事 3

妈妈靠自己的能力，让我们6个兄弟姐妹都结了婚，现在跟我大弟弟一家人住在首尔。住在娘家的小妹妹也一起帮忙赡养着她。

1985年，大孙子仁城开始上小学，妈妈好像就是从那时候开始学写字的。大概是孙子写字的时候她跟着孙子学了一些吧。她不太会写笔画，与其说是写，还不如说是画。她就这样写了8本日记本。10年后，当我在娘家衣柜抽屉里发现这些日记本的时候，全家人都大吃一惊。

1985年，大弟弟在抱川一东买了一处带有一套组合房屋的土地，妈妈的乡村生活就这么开始了。刚开始的时候，她只在那里待几天做些农活儿。后来渐渐喜欢上了那里，于是，每年从4月初开始一直到11月末她都住在那里，为的就是给6个孩子做过冬的泡菜和酱曲（酱引子）。当时她的身体还很健康，生活过得很轻松，很惬意。

在没买乡村的房屋之前，妈妈在首尔家中屋顶上种青菜和野菜

妈妈在抱川的家

妈妈熬的酱引子

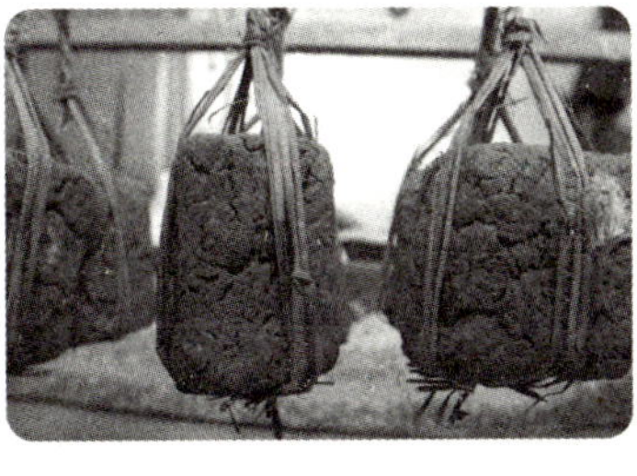

分分合合伤心路

仔细算一下妈妈到乡村干农活儿的日子，从她70岁那年，也就是从1985年，一直到2008年7月，已经有23年之久了。

做农活的年岁真是不短啊！

妈妈原来一直住在首尔。可是，很久前，弟弟在抱川一东地区给妈妈买了一块地，还带着一套组合式的房屋。妈妈就是从那时候开始在一东地区务农的。

刚开始，妈妈是为了看弟弟买的地才来一东的。当她看到一块带着组合式房屋的土地就那么荒着的时候，便说要去那里种地。院子里有大栗子树，还有清凉的地下水。房子周围还有很多艾草，一直绵延伸向支川面（地名）。

妈妈以前就很喜欢乡村生活，看她高兴的样子，好像是对那里的生活很满意。

刚开始，我好几天才陪着她来一次，后来，她干脆就没了要回首尔老家的想法，直接住在那里务农。

妈妈的老家是江华郡河　面。可能是因为从小时候就开始过乡村生活，所以她对侍弄土地和种蔬菜很感兴趣。而且，每当她把自己亲手种的蔬菜分给我们的时候，我能看得出来，这让她觉得很幸福。最重要的是，妈妈在那里生活得很自由，很舒适。

以前她总跟我们说，在首尔生活一整天都没什么事儿可做，只能躺着，浑身疼，感觉不到生活的乐趣。但在农村，就可以跟邻居老奶奶们聊天，还能种地，虽然有时候会觉得很累，可是感觉比住在首尔的时候好多了，甚至都没心思再回首尔住了。

就这样，20年间，妈妈一直把种地当做一种乐趣，每当看到她开心的样子，我都觉得心情很好。但90岁一过，她的体力就开始衰退，可她还是坚持要在田地的垄沟之间爬着做农活，兄妹们都很担心这样对她的身体不好。大家一致反对她这样做，极力劝说她，她很是固执，非要去在农村的那个家，总说农村安静，自由。我们这些做儿女的拿她没办法，只能陪着她去。

我一直搞不懂首尔有什么不自由的，后来我才知道，她总觉得首尔的家太干净，得时时刻刻小心翼翼的。弟弟是那种很爱干净的人，每天都把家里打扫得一尘不染。妈妈行动不便，每次干个事儿都会把原本干净整洁的家弄脏。当看到弟弟拿着扫帚和抹布清扫的时候，她心里就很过意不去，觉得是自己给孩子们添了麻烦。听了她说的话，我才明白，原来当老人在儿女家里住着的时候，孩子若是过分爱干净，太频繁地清扫，也会给老人带来负担啊！

妈妈90多岁的时候，还是固执地要住在农村。每到农忙季节，我们6个兄妹就轮流去看望她。即使是如此，我们还是很不放心，毕竟她已年过九十。于是，我把6个兄妹的电话号码贴在墙上，还专门复印了一份，给了邻居家的老奶奶，向她千叮咛万嘱咐，万一我妈妈有什么事儿，一定要联系我们。

20年间，我一直都是自己开车从仁川去一东的。虽然距离不是很近，但是，年近70岁的我还能看到自己的妈妈，对我来说，这已是最大的幸福和福气。

那天，我在后备箱里装满了妈妈平时喜欢吃的西瓜、肉和苹果，还有她爱喝的饮料。到一东的时候，才早晨7点。妈妈已经下地干活儿了。我站在院子里喊了一声，没有人应声。那时候，妈妈80多岁，耳朵已经聋了，不管我再怎么喊，她也听不见。去地里找，玉米太高，根本就看不到妈妈的身影。我找遍了所有的垄沟，也没找到她。后来去房子后面的花生地一看，她正在那里锄地呢。

我慢慢走近她，轻轻拍了一下她的背，喊了声："妈！"她一看见我，就像个孩子似的，开心地笑了。

我赶忙回屋换了衣服，扛着锄头到了地里，脖子上挂着毛巾，穿着花纹的裤子和旧T恤衫，一会儿的工夫，我就变成了一个地地道道的农村老奶奶了。

去地里一看才发现，上周我们刚锄了草的地，草又长得很茂盛了。刚锄完一垄花生地，我的腰就疼得跟要断了似的。我实在是太累了，一下子躺在了地 上，对妈妈说："唉，还是多吃点儿饭好啊！"

背靠在软软的土地上，却一点儿都不觉得讨厌，因为这里是妈妈做了20多年农活的地方，每一寸土地都渗透着妈妈辛勤的汗水。想着这些，就算是躺在生硬的土地上，我也觉得无比柔软。

天空飘过一团像棉花一样的白云，又传来一阵布谷鸟的叫声。我突然感觉像是回到了家乡，感觉心里特别安稳。

是啊，有妈的地方就是家啊！

曾经困于生计而烦躁的心，如今一下子平静下来，甚至觉得发困。可是一想到还在田间干活的妈妈，我就一下子站了起来。

我应该多帮妈妈锄点儿草。

锄完地后，我和妈妈一起择锦葵和生菜。虽然我们家口小，没人吃这些蔬菜，可是又想到可以把妈妈种的蔬菜带回去分给邻居们吃，就用箱子装了很多。我们还拔了葱，剥了蒜，又从地里拔了一袋子苋菜。不知不觉间，已出了一身汗，指甲里满是土，脏得不成样子。

午饭的时候，我们吃了锦葵汤、小萝卜泡菜、生菜、茼蒿、绿辣椒，还有用苋菜做的拌菜，味道好极了。这跟我们在仁川吃的食物味道完全不同，是纯健康食品。看我很喜欢吃她做的饭和锦葵汤，妈妈脸上露出了开心的笑容。

对于父母来说，还有什么比看着自己的孩子吃饭香更幸福的事情呢！

收拾好饭桌，我们坐在院子里大栗子树下的平板床上择野菜。剥去锦葵的皮，又择了葱，去地里捡了杏，不知不觉天就快黑了。

妈妈伤感地说："唉，时间过得可真快啊！"说完就往我的车后备箱里面装东西。

我觉得，妈妈给的东西我要是都拿着，她肯定会觉得很高兴，于是就全部收下了。没想到到最后，后备箱都盛满了。

在妈妈看来，不管为孩子付出多少，也还是觉得付出得不够。

啊，怎么会有这样的事儿

每当想起那时候，我的心里总是一阵酸楚。兄弟姐妹们都聚在一起去给妈妈农村的那个家大扫除，从房子摆设到地板、厨房全都打扫了一遍。

生锈刷不干净的塑料盆，用了太久早已变黑的锅，掉了把儿的水壶，一角儿有裂痕的杯子，还有妈妈缠了胶带的出了豁子的塑料篮……我们收拾收拾，就全都给扔了。

她一直在旁边说，那些东西都不用扔，放在家里还能用。我们不听她的，都劝她说，如今也该用用干净的新东西了。

收拾完了家里，我们又照数买来了新的。妈妈看了，很不满意地抱怨道："唉，我都这岁数了，还买这么多新东西干什么！"是啊，对于妈妈来说，那些旧东西都留有她使用过的痕迹，我们都给她扔了，她心里肯定会觉得空空的吧！

我家的公寓回收可循环使用的塑料用品，我们就把那些可回收的塑料用品都装进了我的车后备箱里。然后，弟弟就把那些没用的垃圾带到空地里用火烧了。

家里换上了新家具，每个房间都被我们打扫得干干净净，原本空虚的内心早已豁然开朗，甚是开心。

几天后，弟弟突然给我打来电话。他说话声音很急，说妈妈病倒了。

听着弟弟语无伦次的话，我一下子就说不出话来了。拿着电话，呆呆地站在那里。

原来，妈妈攒的370万元韩币找不到了，她想来想去都觉得是在烧那些垃圾的时候给烧没了。妈妈说，那些钱是包在报纸里，然后放在一个黑色的塑料袋里的，外边还缠着一个退了色的帘子。当时，弟弟不知情，拿着盛钱的塑料袋问："这个还有用吗？"大家异口同声地回答："扔了吧！扔了吧！直接烧了就行！"弟弟二话没说，毫不犹豫地把它扔到火里烧了。对于妈妈来说，那370万元韩币（10万元面值的支票30张，现金70万）可是她的命啊！没想到就这样瞬间变成了一堆灰烬！

妈妈是过了好几天才想起这件事来的，然后就给弟弟打了电话。她当时心里该是有多么的伤心着急啊！孩子们给她的零用钱，她一分钱都不舍得花，全都攒了起来，没想到突然就丢了，她当时是一种什么样的心情呢？她总是偷偷地攒钱，在孩子们过生日、孙子们毕业或者结婚的时候，拿出来用。

我们得先让她镇定下来才行。想到她过度伤心，滴水不进，天天着急上火，我也很着急。我最终想到了一个办法：骗妈妈说我们已经把她的钱找到了。

我先给她打了个电话，告诉她钱已经找到了，是从我家车里装的那些垃圾里面找到的。她耳聋，我说了好几遍她才听清。

她高兴地说："上帝啊！找到了啊！我今天还一直祈祷来着。祈祷老天让我找到那些钱，真是太好了……看来老天听到我说的话了！老天啊，谢谢你！真是太谢谢你了！"

几天后，我们兄妹6个凑够了钱，就去银行换支票了。可是，我们的支票是新的，担心妈妈会察觉，于是我们就到处寻找可以换旧支票的地方。就这样，我们把凑齐的钱和支票放在黑色的塑料袋里，带给了妈妈。她看了以后特别高兴，还给我们6个兄妹每人分了10万元韩币。

虽然为了这件事儿，我们家又增加了额外的开支，但是看到妈妈高兴的样子，我就心满意足了！

在这个世界上，拿钱买不到的东西实在是太多了！

虽然花了额外的钱，可是却减少了妈妈的忧心，真是万幸啊！

就像有一次，小偷划破了我的包，偷走了我的钱。

我会说一句话："真是幸运啊，就只丢了这么一点儿钱而已！让这件事儿就这么过去吧！"

承受孤单，才能享受自由

睡不着觉，身体也很不舒服。

家里一个人也没有，冷冷清清的。

欢迎天花板上的苍蝇来到我家——

这是妈妈随手写的一段文字。

她该是有多么孤独，才会欢迎苍蝇的到来啊！

记得不知是何时，她曾在日记中说，吃饭的时候只有自己一个人，觉得很凄凉。

她在70岁的时候，得了子宫癌。接受透视治疗后，晚上关节总是会疼，甚至疼得睡不着觉。每当这样的夜晚，她就会写些日记或者给女儿们做套鞋。

记得有一次，她给我讲了她做的一个梦。

“昨晚，在梦里，我还很年轻的时候，你爸开门进来跟我说，一切都会好的，让我不要担心。他说觉得自己很对不起咱们娘几个，还跟我要10万元韩币。我跟他说我没有那么多钱，他不高兴地说那就没什么办法了。说完就走了。”

她说醒来后就很后悔，心里难受得要命，再也睡不着了。凌晨3点就起床，拿出种大麦芽的笼子，挑出了5千粒没长出新芽的麦粒。

虽然那只是个梦，可是她心里该是有多么的痛苦才会拂晓就起床数麦粒啊！想到这里，我心疼极了。

某一天，妈妈看着贴在玻璃窗上的青蛙说：“唉！你也是自己啊！别在这里了，赶紧回草丛里去吧！”

妈妈连个说话的伴儿都没有，她甚至跟邻居家的狗说话，还跟虫子说话。

看到妈妈这样，又想到我常常找借口工作忙不去看望她，心里特别难受。

我曾试着劝她跟我回首尔，可她摇了摇头，说：“我觉得这里挺好。我可以随便做我想做的事儿，挺舒服，也挺自由的。要想享受自由，就得忍受孤独。”

妈妈好像是因为自己一个人度过了太长的岁月，现如今已经领会到了属于自己的自由。

真的是那样！

不用别人照顾，可以随心所欲做自己想做的事儿。想到妈妈说的那句“要想享受自由，就得承受孤独”，我感慨万千。

她说，她曾经一整天都在地里干活儿，晚上回到家吃一口凉饭，也不洗刷就上床睡觉了。她还说，锄地锄累了就躺在地里睡会儿。听她这么说，我大吃一惊，很生气地问她，要是在田里睡着觉自己死了怎么办，她回答说：“要真是那样就好了，我哪有这么好的福气啊？快死的时候，就算有人在身边，能帮上什么忙啊？自己一个人静悄悄地死和有人陪在身边死是一样的，没什么区别。”

妈妈是个坚强的女人。

我若是她的话，能跟她似的活下来吗？

我恐怕是坚持不下来的。

这么些年来，妈妈一直是在一个空荡荡的家里独自生活，甚至周围没几个邻居。

虽然她从来没奢求过要活得很久，但是却很长寿。可是，她身体不好，老了以后自己不能料理自己的起居，看上去很可怜。

像妈妈说的那样，要是能在睡梦中就死去，真是个天大的福分。

如此看来，死是跟自己的意志没什么关系的。

我开始畏惧死亡了。

到什么时候我才能像妈妈一样，坦然面对孤独和死亡呢？

不愿舍弃的妈妈

去年夏天，雨下个不停，我跟两个妹妹一起去帮妈妈干农活儿。把倒下的野芝麻扶起来，给它们培上土，然后又把熟玉米摘下来，砍掉玉米秆。砍完了玉米秆后，地里显得宽敞了很多。

淋着雨干活儿，全身都湿透了，腰疼，浑身乏力。

用锄头锄土，把野芝麻扶起来的时候，二妹开始发牢骚："姐，咱买上一斗芝麻吃不就行了吗，干吗要吃苦受累地干这种活儿？"

小妹一听，也随声附和："姐！去农产品中心，1000元韩币能买5个南瓜呢！"

的确，我也知道，买着吃就行了，可妈妈执意要做庄稼活儿，我们这些当孩子的只能帮着她干，最后都弄得脏兮兮的，浑身是土。

但是，妈妈到现在精神还是这么好，就是得益于干这些农活儿。于是，我就劝妹妹们开心点儿，别老是抱怨。

妈妈正把生菜和锦葵放在平板床上间苗呢！平板床上满满的全是生菜和锦葵。

这是妈妈用汗水精心栽种出来的，所以，每次把这些蔬菜带回家，我都会一根不落地全部吃掉。

妈妈摘了100个玉米装到了我的车里。

把玉米带回家分给邻居们，他们肯定会很高兴的。

为了盛放地瓜秧，我去仓库找篮子。篮子是塑料的，已经坏了。妈妈在篮子上扎上了尼龙绳。我和妹妹们看后都笑了。再仔细一看，家里几乎所有的东西都已经坏了。本该直接丢掉的东西，妈妈却修了修接着用。

渔网上的拉链掉了，就换了个新拉链；猫在上面钻了个洞，妈妈就在洞上贴上了又厚又脏的宽胶带；水管旁边的脸盆已经瘪了，她就在里面种上了水芹菜。

妈妈用的东西，都是应该丢掉的，可是她却舍不得扔，拿出来重新修理了一下，又用了很长时间。如果是我的话，早就丢掉去买新的用了。

妈妈问我："女儿，你说为什么世界上会有垃圾呢？"

是啊，妈妈是不能理解为什么会有垃圾的，因为她每次吃饭一粒米饭都不会剩下，择下的菜叶和水果皮都是埋到地里堆肥。

这样怎么会有垃圾呢？

可是，她却很讨厌买新东西。

曾经有过这么一件事。

那次，我们4个姐妹都饿了，就吃光了妈妈放在蒲篮里面的糯米葡萄枣糕。妈妈知道了以后笑着说："我看那些有点儿坏了的糕粉扔了怪可惜，就放在水里泡了一天，没想到怪味就没了。"

何止这些啊！

她常将那些发了霉的米粉放在水里泡两天，然后摊煎饼吃；如果豆子生芽生得太长了，她就把芽掰了，在水里焯一下，当豆芽拌小菜吃。

她总说，这是孩子们辛辛苦苦赚钱买的东西，不能随便浪费一粒米。肉要是坏了就不能吃了，但是，米和米粉泡泡还是能吃的。

在妈妈的影响下，我也不再浪费剩下的粮食了。冰箱里总是乱七八糟的，什么都有。可是，衣服或者是生活用品只要是有一点儿旧了，我就得扔了换新的。看到妈妈这么节俭，我总觉得自己做得不对，心里很愧疚，同时也有一种负罪感。

给妈妈打扫卫生的时候，我曾经把很多旧了的东西给她拿出去扔了。可是下次再来的时候，那些被我丢掉的东西又重新捡回到了家里，其中有些已经摔得不成样子了。

心情烦躁的日子

上次看望妈妈是在一周前，可是我总觉得已经过了一个多月了，极为迫切地想马上见到她。可能是心情太急切了，开车的时候总是不小心就踩到油门的踏板。

上次去的时候，她胃口不好，不太爱吃东西。这次我就给她炖了牛肉汤，盛在提桶里带了过去。我跟她说，这种东西是补身体的，要是总吃不好，可以偶尔吃一次。

到了下午，我本想把牛肉汤用保鲜袋盛起来放到冰箱的冷冻室里，可打开盖一看，没想到里面就剩下两勺了。一问妈妈才知道，她都分给两个妹妹吃了。我一听立马就火了，把脸盆“咣当”一下摔到了地上，一边发火，一边呜呜地哭。

妹妹们觉得自己做错了，但是却不知道怎么来安慰我。可是，我不是因为妹妹们吃了觉得可惜才发火的，而是因为妈妈太不爱惜自己的身体了。这实在是太让我伤心了，我怎么能不生气呢？

后来，我自己安静地想了想，觉得不该那么对待妈妈，更不该在妹妹们面前那样做。是我错了。

妈妈的音容笑貌，妈妈做过的事情……这所有的一切都刻在我的心里，每当想起来，就会觉得特别不是滋味。她总是爬着做农活儿，两边的膝盖都弄得乌黑，还生出了硬硬的老茧。她的腿比小孩儿的手腕还要细。她一直忙于干农活儿，指甲几乎不怎么长，可还是塞满了泥土。

妈妈看我生气了，就一个人默默地走出去择那些想让我带走的生菜、茼蒿和锦葵，择完后又捆成了好几捆。看样子她是从清晨就开始干农活儿，干了一天累了，一回到屋里就睡着了。

又到了我该离开的时候了。

看她睡得正香，我不忍心叫醒她，于是就坐在她旁边静静地等她醒来。妈妈的手很粗糙，上面还落了三只苍蝇。我挥舞着苍蝇拍，把它们赶走了，可是没一会儿，苍蝇又回来了。她却一点儿都没感觉到，还在睡着。

我走出门，到了后院。白色的苦菜花迎风摇摆着。

希望剩下的日子里，我能一直安心舒适地生活，直到死去的那天。

今天，妈妈把牛肉汤分给妹妹们，我生气；她吃变了质的食物，我生气；买给她的水果她总是不按时吃，我生气；孩子们给她买的衣服她不穿，全都分给别人，我生气……

我好像是很孝顺妈妈的样子，冲她发火，冲她大呼小叫，嫌她总是不让我省心，但我却没感觉到，其实这样做，又伤害了妈妈，如今想到这些心里非常难受。

后来，妈妈去世了以后，每当想起这些事情，就像是扎在我心脏上的钉子，很疼，很疼。

我真是个不合格的女儿啊！

NO.4
写给六个孩子的信

飞向那高高的蓝天的鸟儿啊，

快点儿努力地飞吧！

否则老了之后只能自己后悔。

在那之前赶快努力飞向高空吧。

不管是人生，还是别的任何东西，

老了以后再后悔是没有任何用处的。

深夜难眠，挂念孩子

我的6个儿女啊！你们能通过自己的努力，打拼出自己的一份事业，活得堂堂正正，身为你们的妈妈，我觉得很高兴。但是，你们还要记得，家里越是富裕，越应该跟家人多谈谈心。不要借口自己忙，试图用钱来解决所有的事情。多抽点儿时间，一家人聚在一起，敞开心扉，畅所欲言。

别人对自己说话的时候，一定要认真听，认真记，不要把别人说的话当成耳旁风。出于尊重别人，也应该好好听。只有这样，内心才会真正地接受别人。

活着的时候，多帮帮别人吧！如若家里人情淡薄，那这家的院子里花儿都不会开，蜜蜂和蝴蝶也不愿意来。

你怎么对待别人，别人就会怎么对待你。

不要觉得只有自己才是对的，别人无所谓。

不管是什么事儿，一定不要着急上火，应该学会隐忍和等待。

人生路上，我们应该沉着冷静地一步一个脚印往前走。

不论何时，不论在谁面前，不论去哪儿，一定不要自高自大。要一直保持一种谦逊的态度。

没碰到什么好机遇而内心苦闷，或者陷入困境的时候，不要觉得丢人，更不要耍一些卑鄙的手段。要活得堂堂正正，坚强而勇敢。只有这样，才不会被别人瞧不起。

成功的时候，更应该多注意。越是成功，就应该越是多回顾以前曾经困难的那些日子。未来还有很多未知的苦难，要时时刻刻谨小慎微，不要觉得自己很了不起。

一眨眼的工夫，人就老了。年轻的时候，一定要惜时如金啊！如果不珍惜时间，虚度岁月，老了以后，肯定会后悔的。为了年老的时候不会后悔，年轻的时候就好好努力吧！

不要做让自己后悔的事情！

我说了这么多，你们不要就那么听听就算了，一定要好好记住妈妈说过的话！

若是如此，我们家一定会变得和睦而富有的。

深夜无眠，写给我的孩子们……

1.写给大儿媳仁城妈妈

仁城妈妈，我对不起你。

如今我已年迈，总是动不动就发神经。我想我现在已经尽失人心了吧！这么多年很好的婆媳关系，今年一下子就被破坏了。过去的日子里，我们两个人相互忍耐，相互理解，过得很是和睦。但这一次，我感觉内心特别受伤。

每当看到晶然脸色苍白的样子，我心里都觉得特别难受，我这个做妈妈的，连一服药都不能喂给自己的儿子。我一直担心他的身体，真是心都操碎了！

你只有一个孩子，也许不会明白对于做母亲的来说“手心手背都是肉”的感觉。我什么都没有，只能天天挂念着孩子们，我心里难受啊！

在我心里，大儿子和小儿子是一模一样的。两个都是我的宝贝儿子。你不会明白我连个月租的房子都没给小儿子准备的心情是什么样的。试想一下，那该是多么痛苦啊！不管是老大还是老二，哪个孩子不是我的孩子啊！

而且，对于我来说，大儿媳和二儿媳也是没有任何区别的。可是你却说我偏心，区别对待，这话真是伤了我这个做母亲的心啊！

我多希望你能体谅我的苦心啊！

2.写给大女儿庆花

庆花啊，每当想起你的时候，我这个做母亲的总是内心不安啊！

谁会知道我那聪慧的女儿受了这么多的苦啊！

从师范学校毕业之后，小小年纪就外出打工赚钱，给弟弟妹妹们攒钱交学费，自己连件像样的衣服都没有，更不舍得买什么化妆品。我这个当妈的心里都知道。孩子，是爸妈没做好，对不起你！

结婚后，因为丈夫公司破产，20年间一直租房子生活，受了很多苦。因为背着巨额的债务，每天连个米粒都吃不到，天天睡冷炕。我想，你大概是这个世界上受苦最多的女人吧。

丈夫销声匿迹，自己又没有钱，连房租都交不起，只能拖欠房东几个月的房租，还要指导孩子们学习，身心都要承受这么多的煎熬，能活下来，真是奇迹啊！

这样想来，女儿们都平安活下来了，我的心里也稍微有了一些安慰，捏了一把冷汗。

我一直以为我看人很准，见到大女婿的时候，就相信他能给我女儿带来幸福。没想到却让你吃苦受累，他真是太让我失望了。

庆花啊，原谅我这个做母亲的吧！

3.写给大儿子晶然

晶然啊，我想不明白咱们之间的关系怎么变得这么疏远了呢？以前关系挺好的啊，不管什么事儿都是商量着来，可是如今却变成了这个样子，我觉得难过极了。

你爸爸走后，剩下我一个人，想想过去的那些日子，我总是看着孩子们的脸色做事儿，有时候自己都觉得很恼火，自己生自己的气。

我心里真是难受啊！

4.写给二女儿苗花

你每次来的时候，我的心里就觉得特别不是滋味。

对于我们这些做父母的来说，女儿嫁到婆家之后，对她的公婆孝顺，自己才有面子。做儿媳的，应该时时刻刻和善地对待公公婆婆。这样你自己的孩子才能从你身上学到孝道。公公婆婆可是养育丈夫的人，如果你对他们不好的话，丈夫会觉得自己的爸妈很可怜，影响夫妻之间的关系。

虽然生活中会有很多令自己伤心的事儿，可是就算是这样，也要放平心态，学会忍耐。

不管怎样，一定要让自己的丈夫安心！我总是担心你们夫妻之间的感情会出现大问题。

好好体谅一下公公婆婆的心吧！

5.写给小儿子春然

春然啊，我的心里真不是滋味啊！

那天晚上，我惹得你心烦意乱，后悔极了。是妈妈心胸狭窄，你就原谅妈妈吧！

春然啊，希望你能理解妈妈的心。

想想你的事业刚刚开始起步的时候吧。你二姐夫就像是你亲哥哥一样帮助你。你作为一个有情有义的人，一定不能忘了那份情意啊！

你姐夫要是惹到别人，让别人心里不舒服了，你姐姐就会变得很为难。我看到过他们两个人吵架，听到吵架的声音，我这个当妈的心里太痛苦了。

所以，那天晚上就只有你和我在的时候，我就悄悄地告诉了你，我当时真的没想到会让你觉得那么不好意思。儿啊，你一定要理解我的一片苦心啊！

4月17日凌晨5点。

妈妈的倾诉。

6.写给小女儿艳花

艳花啊，不管做什么事，都想想妈妈吧。

我饱经风霜，吃苦受累，一直生活到现在。人这一生，不管有多苦多伤心，都要咬紧牙关，宽容地对待周围的一切，这样心里才会舒服。如果一味地生气，即使气得打牙关，胡乱发脾气，照样什么问题都解决不了，最终只能把事情闹得更大。这就像在石头尖上走路脚会疼一样，一定要忍了再忍。作为一个女人，就算心里再难受，也只能在心里哭，脸上还是要露出笑容，这样，这个家庭才能和睦。

心里烦乱的时候，应该尽力让自己集中精力做事情。把家里的角角落落都打扫一下，洗洗衣服，擦一下家里的生活用品。做完了这些，内心就会慢慢平静下来，原本无聊的时间也会过得飞快。如果因为心里难过就闷头儿躺着，那只能更难过。这是我亲身体会后得出的经验。

作为一个女人，这一生就是要经历各种各样的事情。这就是女人的命。在你看来，可能有很多人好像命很好，但是其实她们也有自己的苦闷和伤心事儿。

无论如何，你一定要放平心态，不要担心别的。你心里挂念的事情太多了。丈夫吸烟的时候，你就算再怎么劝，又能有什么用？现在，什么也别去干预了。就算是为了孩子，也应该静下心来，淡定地生活下去啊！

7.妈妈的嘱咐

住在春川的小叔子16岁的时候，他的双亲就去世了。

小小年纪就成了孤儿，他是个很可怜的孩子。

我这个当嫂子的当时还不到30岁，不怎么懂事，没好好照顾他。

现在仔细想想，当初他真是太可怜了。我怎么就没多给他一些关心和温暖呢，真是后悔极了。

也是因为那时候家里生活实在是太困难了。

晶然和春然兄弟俩要是能好好侍奉你们这唯一的叔叔就好了。希望我死了以后，你们还是能一如既往地好好孝敬叔叔，把他当作自己的亲生父亲对待。好好相处，好好生活。

要是能做到这一点的话，我就别无所求了。

我的大女儿

庆花是我的支柱和依靠。只要是我说的，不管是什么事儿，她都无条件服从，从来不会面露难色，也从来没有反驳过我说的话。仔细想想，庆花真是个可怜的孩子。想到她的时候，我的心里总是觉得特别不是滋味。

以前，家里经常会有客人来，家里的孩子又那么多，从她才8岁的时候，我就经常指使她干这干那。她不能跟别人家的孩子似的到处玩儿。放学回家后，要做作业、干家务、接水、做早饭晚饭、照顾弟弟妹妹，还要受我的使唤，忙得不可开交。

可是，她学习成绩很好，一直名列前茅。

她自己一个人碾了辣椒碓。冬天，做好了十斗酱引子。可能是想帮我多干点活儿吧，她一直不休息。

这孩子从小时候就孝顺。

去大邱避难的时候，甚至自己去大邱站领回来了供给难民的米饭。从小时候开始这孩子心思就深，很有耐性。仔细想想，这些孩子中，庆花受的苦最多。从师范大学毕业后，就客居他乡，受了很多苦。每个月领了工资都原封不动地带回家，给弟弟妹妹们交学费，自己一分钱也没攒下。等到庆花出嫁的时候，我连床被子都没给她准备，结婚用的东西都是草草应付。即使是这样，她仍旧一句怨言也没有。当时我唯一的愿望就是希望她能嫁个好人，过上好日子。

可是没想到嫁到婆家后，丈夫做事总是失败，牵连着庆花也跟着受了很多罪。结婚后的这几十年来，她身负重债，一直是租房子住。

弟弟妹妹们都先后买了房子，每次弟弟妹妹们搬家请客的时候，她都赶来庆祝，从来不会抱怨自己的身世处境，更不会因为自己的苦难而表现得不高兴。

现在，看到她从来不羡慕别人，自己过得很好，我就没什么别的奢求了。受苦受难后，庆花终于能享福了，我死而无憾了。

1.

庆花每天早上和晚上都会给我打电话，特别关心我。就算是再忙，早晨去学校的时候她会给我打电话，晚上下班回来还会给我打电话。偶尔还会磨点儿糕粉给我做糕吃。每当我吃那些难以下咽的药，弄得没有胃口的时候，就把她做的糕点当零食吃。

庆花总是让我觉得很安心，很踏实。就算我什么也不说，她总是能提前知道我要什么，然后帮我做。有个这样的女儿，真是我的福分啊！

2.

庆花啊，你来给我安上了电话，真是谢谢你啊。自从我屋里有了电话后，每天都能给你那些弟弟妹妹们打电话了。打电话成了我的乐趣。感到孤独寂寞的时候，我就会情不自禁拿起电话机。我终于能随心所欲地给想念的人打电话聊天了。

家里有了电话后，方便了很多，我觉得很开心。每次用电话都会想起你。庆花啊，谢谢你！

3.

庆花总是料理家里的大事，身心受了很多苦。每当想起庆花操心受累的样子，我就觉得她特别可怜。

本来就出生在一个孩子多的家庭里，已经为家里的大事小事很操心了，现在还要为我操心，我真是觉得内心很过意不去啊！我的衣服已经很多了，可是你还想着给我买衣服，这孩子真是让我觉得很愧疚啊。

活到现在，看到了庆花的二儿子民桥娶媳妇的时候，我哭了。那是激动和满足的泪水。

我现在老了，没什么用了，让你们为我操心，真是没什么脸面见你们了。

4.

今天是庆祝庆花连续工作30年的表彰日。

你真是受了不少苦，一直工作了这么久。从事教育工作30多年，得有多辛苦啊！

庆花啊，你能坚持下来真的是太棒了！我在远方祝贺你！

5.

11月23日晚。

深夜无眠。

后脑勺就像是被刀子捅了似的，一阵一阵地疼，疼得无法忍受。

视线模糊，精神恍惚。

白熬酱引子了，真是后悔。

刚开始做力气活儿，就开始浑身难受。

振作了精神，开始熬酱引子，头上开始淌冷汗，胳膊和腿瑟瑟发抖。

每次熬酱引子，我总会想起庆花。

庆花出嫁之前，我从来没自己熬过酱引子。

自己熬酱引子才知道，原来这么累，浑身疼。

每当这时候，我就特别想念她。

女婿和岳母

*1.*我的存折

托石桥爸爸（大女婿）的福，我也有了属于自己的存折。之前我都没进过银行的门，甚至连存折都没摸过。

不久之前，石桥爸爸问我要我的盖章和身份证。我也不知道他到底要干什么，就给他了，没想到给我办了个存折回来，还在里面存上了30万元。虽然我现在没必要去银行，而且腿脚不方便，自己也去不了，但是有了属于自己的存折后，心里觉得特别踏实安心。

像我们这代人，年轻的时候没能为自己的老年生活做准备，是现在的年轻人无法想象的。那时的我们为了给孩子们攒学费，天天忙，别说攒钱安度晚年了，根本就没听说过这样的话。把自己所有的东西都献给孩子心里才高兴。

就这样活到现在，我什么都没留下。

我无法理直气壮地白白接受孩子们的钱，那样会让我觉得羞愧，自尊心严重受到了伤害。

现在我有了属于自己的存折，就可以慢慢攒钱了。

真感谢大女婿的良苦用心啊！

在他遇到困难的时候，我什么忙也没帮上，现在却要接受这样的孝道，真是太感谢他了！

我的大女婿，让我觉得踏实而又安心。

2.尚敏爸爸的生日宴

阴历七月初一，是尚敏爸爸（二女婿）的生日。

没能给他准备一个像样的生日，我觉得心里很对不住他，尚敏爸爸总是为苗花担心。苗花身体不好，连累着他也吃了不少苦，我真是没脸见他了。听说苗花以后得做手术才能恢复健康，我真是担心啊。

一家人都要跟着受苦了。

3.一林爸爸的电话

一林爸爸（三女婿）来电话了。

他说要我跟他们一起去雪岳山赏枫叶，我没同意，他很失望。

他能有这份心意，我已经很满足了。他们夫妻两个人去就行了，带着我这个老太太只能添麻烦。听他说要带我去的时候，我很是感激，可是还是告诉他我不去了。

我要是不在家，屋顶上种的那些蔬菜和家里养的牲畜怎么办？扔下这些东西就走，就好比是扔下嗷嗷待哺的婴儿，我怎么能放得下心呢？

每天早晨和晚上，我都得给蔬菜浇水，还要喂狗和鸡，还有锦鸡。孩子们总是说让我把这些东西都卖了或者扔了，省得老是受它们的束缚。可是他们却不知道，这些蔬菜和小动物都是我的朋友，是我生活的乐趣所在。

看来，今年秋天又能看到院子里的柿子树变红了。

4.秀斌爸爸出发去旅行的那天

阴历腊月的第三天。

秀斌爸爸（小女婿）去中国的那天，我没能好好送他，心里很是放心不下。

一个人去那么远的地方，可能会吃很多苦吧！无论如何，希望他这次出差一切顺利。

秀斌的爸爸走后，秀斌这孩子也变得无精打采了。

远方的秀斌爸爸啊，不知道你现在过得怎么样，有没有受苦？我这个做母亲的很担心你。双手合十，祈祷你能平安无事地回来。

秀斌爸爸啊，希望你那颗善良温暖的心不会被外界虚幻的东西所迷惑，一定要顺顺利利地生活下去啊！

儿子，儿媳妇

*1.*和儿子的对话

今天晚上，我特别开心。

大儿子来我房里跟我聊了好多，我们已经很久没这么聊天了。

我的内心真是太简单了。和儿子聊了会儿天，心里的症结好像一下子就打开了似的，觉得很温暖，很安心。

就算是一件小事儿，也能让我感动许久；一句温暖的话，也能给我巨大的安慰。对我来说，大鱼大肉也比不上一句温暖的话。人老了生病以后，子女说句暖人心的话，就能让老人精神焕发，找到生活下去的勇气。

对于父母来说，孩子一句温暖的话，比山珍海味和绸缎绫罗要强上一千倍一万倍呢。

一个安心踏实的夜晚。

2.准备去上班的仁城爸爸的背影

看到大儿子晶然一大清早就离开的背影，我感到很心碎。他拖着疲惫的身躯，连一口水都没喝，身体状况还不好，还要这么早就去上班，我这个当妈的心里真是说不出的难受啊！

总是能听到他小的时候我喂他吃饭时勺子和碗碰触的声音。

那时我住在外地一周回来一次，每次回来他都说没什么胃口，吃几口饭就放下碗筷不吃了，我心里说不出的难受。所以每到周六的时候我都很担心。不能给儿子做顿好饭我感到很愧疚。

腿脚好的话还可以去市场买点菜给孩子做饭，但现在一动也不能动，真是伤心啊。

能去自己想去的地方真是一件幸福的事。

3.感谢大儿媳

仁城妈妈，我总是觉得对不住你。我病了后一直躺在床上，你一直在我身边照顾我，没少为我操心。费尽心思给我做好吃的饭菜，家里客人又多，我还动不动就发脾气，唉，你多多谅解吧！

你跟我说几句话我的心里就会觉得暖暖的。

做人家的大儿媳不容易啊。

4.仁城妈妈的善心

仁城妈妈给我熬了药。我总觉得很对不起她。我病了以后，经常冲她发火。可是我不管怎么生气发火，她也不会怪我。就算是说一些觉得厌烦的话，也是马上就能消火。她人缘很好。每次帮别人的时候，总是能利利索索地把事儿解决掉。

她要上班，每天早起晚归。跟我碰面的机会很少。生活这么忙，根本就没时间坐下来聊聊天。我知道她忙，但有时候心里还是会觉得空虚，郁闷。

我常常给她脸色看，真是对不住这个好儿媳啊！

5.小愿望

今天心里觉得很难过。

仁城妈妈打了仁城，我心里特别不安，也不知道该怎么做。

要想教育孩子，得抽时间好好说教啊！就这么胡乱打一次，别说别人看着不好，而且也会给孩子留下心灵的创伤啊。下手这么狠，我总觉得好像是把对我的不满撒到了孩子身上似的。我也不好说什么，只有独个默默地哭。

不只有我是孤独悲伤的，儿媳妇跟我是半斤八两。因为我这个婆婆，她受了不少苦，做了不少苦差事。

所以，我的愿望就是能回到农村，一个人静静地生活。

6.春然

春然是我的支柱和依靠。他是个心地善良、很孝顺的好孩子。他什么都跟我说，总是让我觉得很舒心。只要是我说的，他都照单全收，从来不会抱怨。春然就是让我这么安心踏实。

7.小儿媳

仁赞妈妈来电话了。我很开心，很感激。孩子的一通电话，就能给我活下去的信心。仁赞妈妈每隔几天就会给我打个电话。她真是个很有情意的孩子。

她每次来看望我，都会给我揉捏腿和胳膊，还给我剪手指甲和脚指甲。我们虽然不生活在一起，但是她对我很和善。这一点也让我很感激。

我这个当婆婆的没有尽好做婆婆的义务，什么都没给她们做过，真是汗颜啊！

8.我的生日

1988年，阴历9月27日。我的生日。

仁赞妈妈啊，我对不住你。咱们刚搬了家，用水不太方便，还要帮我准备寿宴，给你添了不少麻烦吧。

仔细想想，春然是白手起家，没有借助任何人的帮助，自己拼出了一番事业。开了家工厂，还买了房子，我心里真是高兴啊。可是，我却没尽到做妈妈的责任，心里的这份积郁，就算到了死的那一天也不会消除的。

我生日这天，6个兄妹都聚在了一起，可爱的孙子们也都到了。弟弟妹妹们也来了。

仁赞妈妈，谢谢你。

女儿们的故事

*1.*大豆粥

庆花熬好了大豆粥，给我带了来。我本来没什么胃口，可是却觉得她做的大豆粥很香。苗花买来了葡萄，艳花带来了西红柿，吃着特别甜。三个女儿都很孝顺我。

女儿们轮流过来看望我，这就是我活下去的勇气和支柱。

她们三个姐妹彼此之间相处得很好，这更是难能可贵的。

*2.*苗花

家庭穷困，让苗花也受了不少苦！记得当时，我总是指使你干这干那，弄得你没法好好学习，现在想起来，我的心里还隐隐作痛。弟弟妹妹那么多，你也没法玩儿，受了那么多的苦。

现在想想，当初我只知道指使你干活儿，没能尽到一个做父母的义务，真是对不住你啊！你每天照顾弟弟妹妹们，受了那么多苦。

3.想起苗花

我这个做妈妈的没有一天能安下心来。

每当想起苗花，我的眼前就是一阵发黑。

有时候，我总觉得很害怕，看到女儿眼睛深陷下去的样子，我的心很疼很疼。

钱算什么东西，让我女儿拖着身体到处为它奔波？

真是个可怜的孩子啊！

4.苗花的背影

今天苗花受累了。因为我，她来了医院，还给我带来了泡菜。本来尚敏就已经很让她头疼烦心了，我还要跟着添乱。真是对不住她啊！她对我这个妈妈一直真心实意，能做的都会为我做，我真是感激不尽啊！

她看上去很疲倦，脸色干燥苍白。我看到她这副模样，感觉特别心疼。我可怜的孩子啊！她是个心软憨厚的好人，经常来看望我，看到她我的心里有一种难以忍受的疼。

尚敏一定要考上学啊。真担心呐！

5.娘家

三女儿明花走了。

来的时候提着大包小包的东西，走的时候就带走了一些狗食，我对不住她啊。以前我去娘家的时候，妈妈总是会给我零花钱，能给的全都给我。我这个做母亲的只知道从孩子身上索取，心里过意不去啊。

6.明花的电话

一整天，我都躺在空荡荡的房子里，望着天花板。

突然，明花来电话了。虽然只是很普通的问候，可是，能跟女儿通话，听听女儿的声音，我就很开心了，凄凉的心情早已烟消云散了。

不知道孩子们知不知道，一个电话就能让我高兴大半天啊……

7.明花家的小狗

明花来电话了。说是没办法再养从姐姐家抱去的小狗了，得把小狗重新还回去。我能感觉得到她很伤心。明花从小时候就很喜欢小狗。她这么喜欢小狗，被逼无奈还要把喂养的小狗送还回去，那种忍痛割爱的感觉很不好受吧！估计这孩子又得流眼泪了！我这个当妈的心里也不好受啊！

8.艳花熬的粥

我太感谢艳花了，感动得流下了眼泪。

我没有胃口不想吃饭的时候，她就专门熬粥带来。

要是没有艳花一家人，我就没有地方可以依靠了。

如果我能选择的话，我希望艳花一家人在的时候再离开这个人世，真是担心啊。只有女儿们在我身边的时候，我死前才能放心地喝上一口水。真是担心啊！

艳花一家人不在的话，我就没法活了。

想着这些，一夜难眠。

9.艳花的心

我真是太感谢艳花了。

我没什么胃口，不想吃饭，她就熬了酱汤粥，带来给我喝，好吃极了。

有时候，我总会心里发慌，总感觉吃不饱，吃完了还想吃，艳花就给我带来了很多点心和零食。我感激得说不出话来。

艳花的儿子，我的外孙成斌有时候也会给我买点心，到我房里来，用软乎乎的小手把点心放到我的嘴里喂我吃。我腿疼的时候，他就给我踩踩。每当这时候，我就觉得我很幸福，很满足，有这么一个惹人爱的小外孙真好。

这些小事，给了我勇气和活下去的动力。

我们家的故事 4

妈妈68岁那年做了子宫癌手术。后来虽然治愈了，可是却留下了后遗症，总是腿疼，为此受了很多罪。可是，就算身体状况很差，一到农忙季节，她还是会去农村生活。后来我才听说，在她看来，自己亲手种了蔬菜给我们这些孩子吃是很有意义的一件事。做农活的时候动来动去，身体也就不觉得疼了，晚上睡觉也睡得香。可若是在首尔的家里被孩子们照顾着，自己生活不自由，感觉就不舒服。

妈妈搬到农村之后，我们6个兄妹每周都会轮流去看她，帮她做农活。可是从快到90岁的时候开始，她的身体状况每况愈下，我们实在是不能答应让她住在农村了。全家人一起出动极力劝她回首尔，可是她却流着眼泪苦苦哀求我们把她送回农村去。没办法，我们只能顺着老人家的意思做。以前去看望她的时候，我都是当日去，当日回，现在都是陪她住在那里。

我来看望妈妈，妈妈出门送我走

在农村树荫下

在农村院子前的田里

劳心焦思

每年的这个时候，妈妈就会回到乡下去干农活，今年说是要熬酱油，到现在还留在首尔家里。最近妈妈胃口不好，我想给她做些糕点吃，于是就去碓房捣了些大米面，带着这些大米面和煮熟了的豆子，背包沉甸甸的。本来是打算开着车去的，后来还是觉得坐地铁比较方便，于是一大早我就背着行李上路了。

妈妈的家离地铁站很近，下了地铁后，我就急急忙忙赶回了家。一进院子，看到妹妹和弟媳正在擦大缸，小弟在炉子前面一边烧火一边不让酱油溢出来。6个兄妹，只有大弟弟因为公司的事情没来，其余的5个人都到齐了。

每年做越冬泡菜的时候，腌制酱油的时候，熬酱油的时候，6个兄妹都会聚在一起，就像是过节一样。那些日子，不仅是干活，还是我们一家人团聚的日子。

砖头零零散散，胡乱地堆在一起，放上锅，开始熬酱油。

我说，二妹夫手艺好，看来来年得让他新做个结实的柴灶了。

说完这话，我突然百感交集。那新建的柴灶，不知道妈妈还能用几次……

环顾院子周围，花花草草都留有妈妈的痕迹。水管边的水芹菜、墙角下的南瓜、山胡萝卜、藤蔓、樱桃树、五味子、柿子树、丁香、杏树、山踯躅花、枫树、枣树……太多了。

种在花盆里的花草也开出了美丽的花儿。那些花，本来快要死了，但在妈妈的照料下，却又都活了下来。院子里所有的一切都是妈妈亲手种下的，如果妈妈在这时候走了，它们得哭得多伤心啊！

现在妈妈的身体状况已经很差了，没什么力气，可她还是不放心我们，走到院子里给我们指导。告诉我们明年做的时候应该如何如何。

最近不管做什么，她总是嘱咐我们以后应该怎么做，把自己会的全都一一教给我们。

我们虽然年纪也不小了，可是什么都不会做，妈妈好像很担心我们似的。

这期间，二妹夫说了一些笑话，逗得大家全都哈哈地笑了。

妹夫的老家是在忠清道报恩邑的一个小山村里。小的时候，他每次放学回家后都要出去放牛。放牛的时候，按理说应该死死地抓住缰绳，可是那一天，他实在是太累了，就把牛缰绳拴在手腕上躺在地里睡着了。牛吃着草，却不小心碰到了土蜂窝，胡乱蹦起来。牛缰绳还在妹夫手腕上拴着呢，牛蹦的时候，妹夫就被甩过来甩过去。村里人看到了，都说："哎呀！这样下去会死人的啊！会死人的！"幸运的是，当时妹夫才上小学二年级，身体又小又轻，一点儿都没伤着自己。

大家听到这儿的时候都笑了。

妈妈当时耳背，看看这个，看看那个，不明白我们为什么笑，很诧异。当跟妈妈的眼睛相交的时候，我立马停止了笑声。贴在妈妈的耳朵上大致说了一下事情的经过，她听后也笑了。

看着笑得如此开心的弟弟妹妹们，又想到不知道这次是不是妈妈最后一次陪我们一起熬酱油，我突然就觉得弟弟妹妹们都很可怜，又觉得即将失去主人的那些酱缸也好像噙满了泪水。

我已经70岁了，这70年来，我一直在妈妈的疼爱和保护下生活。到了这个年纪，我还是没想过自己亲手熬酱油，一直都是吃妈妈熬的酱油和大酱、辣椒酱。我这个做女儿的真是太不合格，太让妈妈寒心了。

妈妈怎么能安心地离开呢？

即便如此，我还是希望妈妈走的时候能够少受点儿苦，就像入睡似的，安安静静、舒舒服服地离开。

在我有生之年

2006年11月初，在我们的强迫下，生病的妈妈回到了首尔的家。

可是，来到首尔之后，妈妈一吃东西就腹泻，偶尔还会失去知觉，我们很担心，没办法，只能再把她送回乡下。陪她去医院检查，医生说她血压高，心脏也不好，得悉心照料，按时吃药才行。

来首尔后，刚到一周，她就哀求说："我求求你们赶紧把我送回一东吧！"我告诉她，她现在是个病人，不能随便走动，可是她跟个孩子似的跟我软磨硬泡，说："我辛辛苦苦忙活了一年，那些粮食不能不收吧？你就当是帮帮我，就把我送回去吧！"

我实在是拿她没辙，最后只能陪着她回了一东。前提是，她答应我只在一东待一天就回首尔。

一到一东的家，她就累得睡着了，可是马上又醒了，醒来后就去地里拿来上次剩下的大豆捆儿，开始挑那些剩下的豆荚，从那些豆捆儿里挑出来了一升多豆荚。

银杏树的叶子随风飘落。

妈妈就这样坐在地里做最后的秋收工作。

因为妈妈很害羞……我悄悄地从后边给她拍照片。我向前走了一点儿，打算给她拍的时候，她抬头看见了我，跟个孩子似的笑着说："我长得又不好看，有什么可拍的啊。"我每次去看望她，都会给她拍些照片，想多留着一些她的身影。

妈妈让我拿来了上次剩下的野芝麻捆儿，说是要再弄弄。邻居家的两个大妈来我们家玩儿，说就算是再弄也没多少芝麻粒儿了，还是别费力气的好。可是既然妈妈吩咐了，没办法，我只能拿来被套铺开，用棍子敲打芝麻捆儿。没想到的是，本来以为没剩多少芝麻粒的芝麻捆儿，竟然打出来很多芝麻。上次邻居的大妈说是要帮忙弄芝麻，妈妈好像是不太放心，于是又要弄一遍。把芝麻洗干净后，放在太阳底下晒。

做完这些后，我们就开始准备做晚饭了。吃完晚饭，刷好碗，我就跟妈妈并排躺到了床上。

我翻看了一下妈妈的被子，发现上次我给她带去的丝绸被子她竟然一次也没盖过，就那么原模原样地放在那里。我问她为什么不盖，她回答说："趁我还活着的时候，再把它拿回去吧！我要是死了，这些东西都是忌讳，就不能带回去了。"

现在想来，妈妈说的每句话都是话里有话的。可能是她自己觉得自己的身体大不如从前了，一直在做着离开的准备吧！按照医生的话说就是，妈妈的血液流通不畅了。

妈妈不一会儿就睡着了。

我摸了摸她的手。

她辛苦了一辈子，手摸上去很粗糙。过去的那些日子里，每当我觉得生活太不容易的时候，就会到妈妈的怀里大哭一场。哭过之后，感觉就好像所有的事情都解决了似的，又重新获得了生活的勇气。

现在搂着妈妈，却觉得她的身体好小。

怎么会变得这么瘦小了呢……

第二天早晨，天气出奇的冷。我跟弟弟害怕萝卜被冻，于是决定去拔萝卜。弟弟负责挖，我负责剪蔓菁，然后把地面弄平。我俩不知道怎么捆蔓菁，再加上时间本来就不多，于是就把蔓菁晾在了晾衣绳上。我们一棵干菜叶也不舍得丢，全都捡起来晾在了绳子上。栗子树下掉的几颗豆子也都捡起来放到了口袋里。

这些都是妈妈用自己的汗水换来的，我怎么舍得浪费呢？

夜幕降临，站在空旷的田野里，我好像忽然就明白了妈妈那颗噙满了泪水的心。她从小就失去了妈妈，在7个兄妹中排行老大，后来丈夫死后，独自一个人拉扯着我们这6个孩子，生活的艰难可想而知。她这一辈子，一直承受着巨大的痛苦和伤痛，一直在努力地生活。

妈妈别无所求，没有任何贪心杂念，勤俭持家。回首往事，妈妈就像是我的指明灯一样，照亮了我前行的道路。

寻找往日常去的发廊

一天，妈妈跟我说头发长得太长了，要我带她去理发店理发。弟弟开着车，带着妈妈，我们就向一东市区出发了。妈妈说要去医院附近的一家理发店，可是她不记得理发店的名字和门牌号。市内的医院一共有3家，她也不记得医院的名字，我们实在是不知道应该去哪个胡同，很是伤脑筋，只能来来回回地四处寻找。

进了第一家医院的胡同，胡同很挤，有一家邮局。不是这家！

进了第二家医院的胡同，是一个农协市场。也不是这家！

第三家医院的胡同太拥挤了，弟弟下车直接去胡同里面找。过了没一会儿，他就回来了，手左右摇摆着。也不是这家！

“妈！你是不是记错地方了？”

“没记错，怎么会记错呢，明明就是这边医院的胡同啊！”

“可是怎么找也找不到啊？去别的理发店不行吗？”

路边就有5家理发店。

“再找找吧！”

虽然当时我觉得很烦，但还是忍着又从头找了一遍。还是没有！

妈妈让我去跟卖蔬菜的大妈打听。大妈告诉我去消防所那边的胡同找找看。可是，我们根本就找不到消防所，只能开车继续前行。妈妈看上去也是一副很不满意的样子，说：“不像是在这里！”

我终于压制不住心中的怒火，气呼呼地说：

“妈，你去路旁的理发店把头发剪了不就完事儿了吗？！”

“……”

妈妈什么话也没说。但是我知道，她很不满意。

那时候，我突然有了一个想法！

“妈，上次你是跟谁一起来理发店的啊？”

“跟龙石的奶奶一起来的！”

可是得知道那奶奶的电话号码才能打听啊。

当时，我突然就想起了龙石妈妈。龙石妈妈就住在我家旁边，有时候我会为妈妈的事儿请她帮忙，于是就记下了她的电话号码。我赶忙拿出包里的手册找她的电话号码，给她打了电话，拜托她跟龙石的奶奶打听一下那家理发店到底是在哪儿。我们把车停在路边，等着她回电话。没过一会儿，龙石的妈妈就打来电话说，龙石的奶奶没接电话，她得亲自去龙石奶奶家问一下。我们又等了10分钟左右，龙石的奶奶才打电话来说，去一个叫太阳堂的大药房胡同里面就能看到那家理发店了，具体的名字记不清了。

我长吁了一口气，终于可以放下心来了。重新调转车头，去那家药房胡同，找到了那家写着“美容院”三个字的店面。

“妈，找到了！下车吧！”

本来是喜出望外的，可是没想到她却气呼呼地回答说：

“不是这个！”

我又仔细看了一眼，竟然是一家狗美容店。

唉！

我实在是累坏了，到处摇晃着寻找那家理发店。突然，一个写着“伊甸园理发店”的牌子映入眼帘。我高兴得差点儿跳起来，拍着手乐得不行。可是，工地上的推土机却堵住了胡同。妈妈不能走路，得把车停到理发店门口才行。无奈，我们只能停下车去向推土机的司机说明了情况，最后开车过去了。

“现在好了！”我把车停在理发店门口，把妈妈从车里搀出来，刚想进理发店……天啊！理发店门竟然锁着呢！

妈妈理个发怎么就这么难呢！

我们本来打算真的就这么放弃，调转车头回家的，恰巧对面养生汤店的大妈出门看见了我们，告诉我们说理发店的老板去抱川邑内开美容会了。看到我们无奈而又失望地站在那里，大妈就把美容店老板的电话号码告诉了我们，让我们直接打电话问问。

虽然我心里明白人家是去开会了，这时候打电话不礼貌，可是，又想到不知道妈妈什么时候还能再来一次，今天必须得把头发理了才行，于是我最后还是打了电话。所幸的是，老板告诉我们，她一个小时后就能回来。

还要等一个小时，我们也不能就这么干等着，于是又把妈妈搀上车，一起去了很远的有矿泉水的地方，取出皮箱里的水桶接了很多水。接水的时候，妈妈一个人静静地坐在车里，透过车窗欣赏外面的风景。

就这样，一个小时过去了。我们又回到了理发店。

理发店的大妈看到我们很开心，很热情。

给妈妈理发的时候，我和弟弟坐在沙发上打量着这位店主和店面。

环顾四周，这家店就像是个70年代的理发店。

妈妈为什么非要固执地来这家理发店呢？可能是因为这位温顺和善的理发店大妈吧！人越是上了年纪，就越是对那些熟悉的有感情的东西有一种痴迷的执着，这种心情我是很能理解的。可是，我刚才却不理解妈妈的心情，一点儿耐心也没有，还冲她发火……

理发的价格应该是5000元，可是，我们当初还打电话把人家急急忙忙地喊回来，觉得心里很过意不去，就给了她1万元。回家的路上，又重新看了看那个胡同，正是妈妈先前说的那个胡同，可是弟弟下车找的时候没走到胡同头，所以没找到。不管怎么样，这次找到了，下次就再也不用到处乱找了。

妈妈照镜子看了看剪得利利索索的头发，脸上露出了满意的笑容。看到妈妈很满意，我也就没什么可奢求的了。

费尽周折，终于找到了理发店，这件事情以后会成为我们兄弟姐妹之间一个很有趣的故事吧！如果当初一下子就找到了，很容易就会把这件事儿忘了吧。

也正是因为这样，在跟妈妈一起相处的日子里，我们才留下了这么多的回忆。

也正是因为这样，妈妈走后，我们才能一件一件地去回忆……

两块明太鱼

妈妈拿出两块明太鱼，放到了饭桌上，奇怪的是，这两块明太鱼看上去一点儿都不黏，很柔滑的样子，就像是用塑料做成的模型一样。

“妈，明太鱼怎么会这么滑呢？”我问。

妈妈听后，犹犹豫豫地笑了。

那一刻，一件事儿突然掠过了我的脑海。

上周来的时候，妹妹给她蒸的明太鱼她一点儿都没吃，一直放着呢！

妈妈很喜欢吃明太鱼，妹妹就给她做了一些。可是，妈妈知道我也喜欢吃明太鱼，就想给我留着，自己只取下附在明太鱼表面的黏黏的东西吃了。

过去那些艰难的岁月里，好吃的东西都被我们这些孩子吃了。

现在我们都过上了衣食无忧的生活，想吃什么就吃什么。可是妈妈还是只想着我们，两块明太鱼都不舍得自己吃。

那两块鱼已经干得光溜溜了，我没有心思吃。一碗米饭都吃完了，两块鱼还是原封不动地在碗里。

我暗下决心，下次来的时候一定要买一桶明太鱼给她。可是买了之后，她还是放到了冰箱里，最后差点儿变质。给她买了西瓜，她自己从来舍不得吃，等我们大家都聚起来的时候才一起吃，可那时候早就不新鲜了，吃的还不如烂的多。

我经常为此冲她发火，让她不要再这样了。可是却一点儿用都没有，说了等于没说。

妈妈现在要是为了自己活该有多好，可是，她这一辈子从来没为自己活过，也从来没想过要为自己活着。我总是为了这种事儿冲她发火，发火后自己又开始后悔，可是后来再碰到同样的事情时，我还是会忍不住生气发火。

种白菜

每年到做过冬泡菜的时候，家庭主妇就开始担心萝卜和白菜的价格了。哪年白菜的价格会提高，哪年萝卜的价格会提高……

我们这些兄弟姐妹从来不会为白菜和萝卜的价格费神，这都得益于妈妈自己种的那些田地。当然了，为了种白菜和萝卜，我们都得搭把手干农活儿。

种菜可真不是一般的累啊！

今年刚到阳历八月，我们就都聚到了乡下，准备种越冬的白菜。这次，两个弟弟没来，就只有我们四个姐妹。

种白菜之前，得先用镐头把地里剩下的那些玉米棵子刨出来。可是它们死死地长在地里，得用镐头把根儿四周的土都挖掉，然后用手往外拔。每次都会拔出一个土堆来。

用镐头刨地的时候，灰尘扑地暴了起来。

在盛夏的烈日下干农活，还没挖几棵呢，衣服就已经被汗湿透了，眼睛也火辣辣的疼。用衣袖擦擦汗，继续拿起铲子挖垄沟，堆起沟垄，撒上肥料，用铁耙子把土填平。重复地干着这些活儿，手掌又开始发肿发胀，火辣辣的疼。

天气太干旱了，没办法，小妹只能拉着水管浇水。浇完水又去一东市里买来了白菜秧、萝卜种、芥菜种、“小伙子”萝卜种（韩国有一种泡菜叫小伙子泡菜，原料就是“小伙子”萝卜），还有一袋肥料。白菜秧120个，一份6000元。

要是两个弟弟都来了，就省劲儿多了。可是大弟弟去江原道休假了，小弟弟夫妻两个人去泰国旅行了。4个女人干这些事儿真是累啊！

累了一天，终于干完了，晚上我们喝了豆浆。妈妈很喜欢喝豆浆，于是，我在家里泡好了黄豆，然后用搅拌机搅了搅，做成了豆浆。

收拾好饭桌之后，我就觉得特别困。因为不太会干农活儿，忙了一天，感觉特别累，都没工夫跟妈妈说话。

睡梦中，我迷迷糊糊地感觉到妈妈给我挪了挪枕头。

每次感觉到妈妈给我盖被子或者挪枕头，我都觉得自己跟个孩子似的，很幸福。虽然我现在已经老了，但是感觉妈妈的手依然温暖舒服。

第二天清晨起床后感觉浑身疼，可是得趁着天还不是很热去地里把白菜种上。妈妈在垄沟里爬来爬去，告诉我们种白菜的方法。告诉我们，从苗板上拿白菜秧的时候得像对待新生的婴儿一样小心翼翼，不能伤到白菜的根儿才行。

终于把所有的白菜秧都种完了，放眼望去，淡绿的白菜就像是排队似的，好看极了。虽然种的时候很辛苦，但是种完了心里特别有成就感。这可是我们6家人的越冬泡菜啊。

种完白菜秧后，在剩下的一个垄沟里种上了白菜种。妈妈说只种白菜秧的话就不用间苗了，那样没意思，让我们再种一垄白菜种。

妈妈还说，剩下的地留着以后种小萝卜，可是想了想，又觉得萝卜实在是太少了，就让我们再种两垄。从清晨就开始干活儿，一直忙到现在，累都累死了，本来以为干完了的，没想到还要继续干。我不免心生烦躁，可是就算是不想干，也还得硬着头皮干完。

干完了地里的活已经是下午3点了。

妈妈虽然腿脚不方便，可还是忙着给我们这些孩子摘小南瓜和南瓜藤。我远远地看着她，对自己说："就算白菜再贵也得买着吃，再也不能受这种苦了！"

希望我们种的那些白菜都能茁壮成长，让妈妈满意。

NO.5
不忍说出的话

昨天，仁赞一家人来了，
今天晚上，又走了。
就像是在梦中来了一趟又走了似的。
我等啊，等啊，等啊……
他们，终于来了。
等待过后，又开始了新的等待……

病床上的孤单

1.

今天艳花一家人给我打扫了房间和地板。

好像是因为要收拾的东西太多了，他们一家人大清早就起了床，接了水，爬到屋顶上开始打扫，还指责我不要瞎担心。

我心里特别难过。

不知道是不是因为我现在年纪大了，又得了病的缘故，总是爱生气，常常觉得心里很不是滋味。我想我可能是因为得了重病，所以才会变得那么敏感，别人的眼色稍微一变，我就会觉得心里难过，毫无依靠。

今天，我就像是被霜打的南瓜叶一样，浑身没有一点儿力气。

2.

3月22日下午2点。

我疯了似的跑出原子能医院，精神完全崩溃了，就像天塌地陷似的。

我的心里不安极了，觉得对不起那6个孩子，不想再活下去了。

（接受了子宫癌诊断）住院后，公休日的晚上，我自己躺在病床上，孤独极了。第二天进手术室的时候，好在有艳花一直陪着我，这让我觉得心里有了依靠，也踏实了很多。

我就像是个不懂事的孩子一样。

孩子们该有多惊慌、多害怕啊？为了孩子，我也不应该这么做啊。

真想就这么死了算了。

这次真是让艳花受累了。我真是对不住她啊。

3.

如果我的病是外伤的话，别人还能感觉得到我的痛苦。可是，我是身体里疼，别人看不到。在别人看来，也许我就像是装病似的。

这病只是我一个人的痛苦。而且这是一种无法治愈的病，是到我死的那天也要带走的病。

4.

我的心里，总是乌云密布。没有人会明白我心中的痛。俗话说："久病床前无孝子。"但家里人却一直对我很好。

仁城妈妈每个月都要去医院一趟，因为要给我煎药。一煎就是10年，她受了不少累。仔细想想，我真的是对不住她，没脸再见她了。

我不是不知道孩子们的孝心，可心里却总是觉得不舒服。

5.

今天晚上，小儿子春然给我打了电话，说明天是星期六，要来看我。我极力劝阻他不要来，让他下周再来。因为我的身体又开始一阵一阵地刺痛了。

在我病情恶化的时候，孩子们和儿媳们看了，该是多么心烦伤心啊！

所以，我没答应让儿子来。

春然一直很纳闷，为什么我死活不让他来。

但是，真说不让他来的时候，我一个人躺在床上，泪水就止不住了，打湿了枕头。我虽然说不让他来，可还是抑制不住心中的孤单和伤痛。我又想，算了，就让他来吧！

这么想着，想着，我的心里，烦乱极了。

现在，是晚上12点多。

6.

今天是周六。晶然来的日子。

晶然来的时候，我总觉得很不安。过了一周，好不容易来家里一趟，却看见我这个老母亲一直躺在热炕上，他该有多么伤心啊！

想到这里，我有种无地自容的感觉。

我的身体时好时坏，有时候觉得还凑合，不那么难受了，可有的时候病情又会加重。晶然来的那天，不管我的身体有多不舒服，我都要装出没事儿的样子，在家里打扫卫生，扫扫院子。

今天装装样子打扫了一下，身体就一点儿力气都没了。

现在又到凌晨2点了。

7.

寒冬腊月，漫长的夜晚，躺在床上，就是睡不着。树叶滚落的声音，风吹动门板纸的声音，一切，都是那么的悲伤。

在这漫长的夜晚，不管我怎么努力睡觉，都还是睡不着，眼睛慢慢变得僵硬了，脑子里也什么都想。身体阵痛的时候，感觉像是要昏迷一样，躺着会觉得更疼。

一晚上起来，坐着，又躺下，反反复复，好几十次。觉得手足无措，怎么着都不行，看了看表，竟然才过了10分钟。

身体真疼啊！

8.

三一节那天，我就像是招了邪似的，竟然被蜘蛛网绊倒了。腿受了伤，开始抽筋，浑身都疼。真不知道这是什么要命的邪乎东西。要是当初在倒下的地方直接死了，就不会这么疼了。

我怎么就又活过来了呢！

身体疼痛难耐，心里更是觉得孤单，一会儿躺下，一会儿又站起来，坐立不安，整整一夜都没合眼。

9.

最近全身都开始发肿了。

没脸见孩子们了。

整天整天的，只能就这么躺着。只有晶然来的那天起来了……

就算癌症让我觉得难以忍受，我也会硬撑着装作若无其事的样子。

真是难啊！

他一周才来家里看我一次，我这个当妈的怎么能一直躺在热炕上呢，他看了得是什么样的心情啊！

我上辈子肯定是造了什么孽，这辈子才不能顺顺当当、舒舒服服地死去。

在这漫长的岁月里，我独自一人躺在这憋闷的小屋中，静静地等待死亡的到来。

没脸见孩子们了。

想念仁城

1.

我听说仁城被送往加拿大了，心一下子就沉了下来。

说是仁城的大姨妈在加拿大，所以家里人送他去那里留学。仁城是我们黄氏家族的长孙，现在把他送走了，不知道我生前还能不能见他一面啊！

我不想吃饭，也睡不着觉。一点儿也高兴不起来。

2.

我看了仁城贴在护照上的一张照片。

看到照片之后，我一下子就承受不了了，泪水止不住地往下流。

阴历正月初三那天，仁城给我买来了福笊篱，问我："奶奶，这个东西挂在哪儿啊？”他说话的声音至今还在我的耳边回响。

每当想念仁城的时候，我就会抬头看一下挂在墙上的福笊篱,就像是看到了仁城一样。看着看着，泪水就模糊了双眼。

啊，我想念我的仁城啊！

3.

仁城啊！

第一次搬家来到旸谷的时候，记得你跟我睡在一张床上，盖一床被子睡觉。睡觉的时候，我抚摸着你的小身体，跟别的孩子都不一样。你怎么那么瘦呢，摸上去全是骨头。我该给你做什么好吃的呢?

记得以前，每天晚上，你都要来给我关房门，熄灯。我的心里满满的全是感谢和满足。

你走了之后，我真怀念那些日子啊。

4.

遥远的国家，我都不知道在哪个方向哪个地方。

我的仁城去的地方。

想念你啊，喊了又喊。

无论何时，你的样子总是在我眼前晃动，你的声音总是萦绕耳边。

晚上的时候，我好像听到你喊我“奶奶”了，于是不由自主地向门口望去。你的脸庞也时时刻刻映入我的眼帘。

以前你在这儿的时候，我这个做奶奶的没好好疼你，现在真是后悔极了。心里难受啊。

不管怎么样，你一定要照顾好自己，好好学习，将来好成个大人物，出人头地。

现在这里是夜里1点。你那边，该是白天吧！

5.

仁城啊，把你送走后，我想想以前发生过的事，心里很后悔啊！

你饮食习惯和别人不大一样，我这个做奶奶的身体不好，没能给你做好吃的。我想不起来当时我对你好的地方，想起来的全是些我做错的事儿。

奶奶总是唠叨你，那些琐事儿现在全都像石头似的压在我的心上，压得我透不过气来。

你离开的那天，我心里久久不能平静，有种撕心裂肺的疼。为了学习，就把你送到了那么远的异国他乡，离开父母，孤苦伶仃。唉，可怜的孩子啊。

听说你是去了大海对面的遥远的地方，我不知道你是去了东西南北的哪个方向，只能遥望着远方的天空，呼唤着你的名字。

6.

仁城啊，收到你的信，我心里别提有多高兴了！抚摸着你的信，我哭了。读了一遍又一遍。

我一直想给你写信，可是你也知道，奶奶不怎么会写字，没法给你写信。

仁城啊，无论如何，在那里一定要好好听大人的话，好好学习。不管走到哪儿，你都不能忘了自己是黄氏家族的长孙，一定要带个好头啊！

我所想念的仁城啊，一定要照顾好自己，健健康康的！

7.

我所爱的仁城啊，我的乖孙子！

我一直在呼唤你，你知不知道奶奶的心啊？

想见，却又见不到的心情，一遍遍地呼喊，却只有山的回响，留给我的，只有孤独。

每天晚上，每天晚上，我都默默地呼喊着你的名字。看到什么东西，都会想起你。想起你的时候，总会禁不住地掉下眼泪。

仁城啊……仁城啊……

8.

阴历八月十五日早晨，祭祀完以后，亲戚们都聚在一起吃祭祀的食物。大家都很开心地聊天，我却突然想起了你，就独自一个人走了出去。看着新的食物，想见仁城的心变得尤为迫切。

不管是看到好吃的东西，还是别的好东西，我总是牵挂着仁城。我也曾试图告诉自己不要再这么悲伤了，可是，我自己都控制不住自己。相见遥遥无期，想想都觉得憋闷。

我可爱的孙子们

1.我说话的伴儿——胜斌

我换衣服的时候，外孙胜斌进来了，这是我小女儿艳花的儿子。看见我就问我为什么我的胸这么干瘪。我回答说：“是被你姨和你妈吃的。”他笑了，说：“那我爸爸也吃过吗？”

孙子孙女们总是能把我逗乐。

有胜斌在我身边，我觉得一点儿都不无聊了。他成了我说话的伴儿。他的话很多，总是叨叨个不停。

他胆子很大，从来不怕生人，跟陌生人也很聊得来。

记得有一天他问，外婆的老公去哪儿了，还说外婆没有老公，那就没人给外婆钱花了。听了他说的话，我泪如泉涌。我和外孙本来只是开玩笑的，可是不知道为什么，两个人都哭成了泪人。

有时候他也会胡闹，不听话，我就会训他。可是，胜斌一直是我们家的宝贝，是我们家的小可爱。

2.民桥入伍

看看我的另一个外孙，庆花的小儿子民桥吧！

要是在温暖的春天入伍也行啊，寒冬腊月就去参军，我怎么能放得下心？

心疼孩子啊。

更何况这孩子的手受伤了还没痊愈，天气这么冷，一定很疼。一想起残忍的军队生活，我的身体就像是用刀割我的骨头一样疼，泪水一个劲儿地往下流。

回首往事，时间过得真快啊！我们家民桥如今已经成军人了，过往的岁月就像是梦境一样。20年来，这孩子一直在吃苦受累，连个像样的屋子都没给民桥准备。住在那间狭窄的小房子里，甚至连腿都伸不开，现在又把你送到了部队，我这个当外婆的，心里怎么会好受呢？

外婆心里的痛苦是任何人都不会知道的。

民桥啊！

不过，你的爸爸妈妈健在，在你去部队之前他们还能给你送行，这是莫大的幸福！无论如何，内心一定要坚强，不管事情有多难，一定要坚持下去。不要被别人看不起，心胸要宽广，微笑待人。

郁闷的时候，就想想你春然舅舅吧！你春然舅舅从小也经常挨饿，经受了很多苦难。可是现在不也挺过来了吗？

民桥啊！

你现在还年轻，一定要下定决心，想着以前的日子好好地生活。

在部队，一定要照顾好自己。天气这么冷，小心受伤的手。训练的时候要是饿了，就随便买点儿吃的充饥吧。

民桥啊，无论如何要平平安安地回到外婆身边来啊！

就写到这儿吧。

3.化妆品和手绢

感谢我们家仁赞和慧林。这是我小儿子春然家的一儿一女。

小小年纪就挂念着我，我真是太开心了，心里暖暖的。总是安慰我这个当奶奶的心，给我无尽的温暖，真是太感谢了。

上次我过生日的时候，仁赞给我买来了化妆品，惠林送了我一个手绢，我经常拿出来看。每次用化妆品和手绢的时候，我总是会想起这两个孩子，心里都是感激。我自己暗暗计划着，下次他们来的时候该给他们买点儿什么好吃的。

我可爱的孩子们啊，奶奶爱你们！

4.外孙来看我

我的外孙啊，谢谢你还牵挂着我。

你能主动来看望我，我这个做外婆的特别开心。你买来的蛋糕很好吃，你给我的零花钱我也厚着脸皮要了。

我的外孙石桥和民桥总是让我觉得心里很踏实，两个都是值得信任的好孩子。看来我的女儿很会教育孩子啊！不管把他们放在哪儿，都会惹人喜欢的。

5.压岁钱

新年第一天早晨，祭祀完后，可爱的孙子孙女们都来给我拜年，我高高兴兴地给了他们压岁钱。

我们的这些小可爱真是太惹人疼了。

仁赞、惠林还给我买来了布袜子。

每次穿布袜子的时候，我的心里都是暖暖的。

6.毛衣

父母节那天，石桥给我买来了一件毛衣。

这孩子现在还在上学，哪有钱给我买东西啊？想到这里，我的心里麻酥酥的。试穿毛衣的时候，眼眶发热，就想流眼泪。

不知道怎么挑的，我特别喜欢。每次穿这件衣服，我都会想起石桥。以前在一个家里生活的时候，我没能好好照顾你，外婆对不住你啊。

石桥啊，谢谢你。

7.民桥的婚礼

民桥娶媳妇了。

婚礼那天我才发现，我们家民桥真是美男中的美男啊。是谁家这么有眼光看中了我们家民桥，招成了女婿呢？新娘子一直笑着，个子高高的。看上去新郎跟新娘很般配啊。

看着民桥，我突然想起了民桥的爸爸。民桥跟他爸爸年轻的时候长得一模一样。我当时就看中了民桥的爸爸，于是就答应了民桥爸跟庆花的婚事。

他们婚礼那天，当我听到很多人都说新郎长得帅的时候，心里别提有多开心了。比起别人称赞自己的女儿长得漂亮，还不如听别人说自己的女婿长得帅更让我觉得开心。

现在也有很多人都称赞我们家民桥长得帅。想想都觉得开心、满足。

惆怅的日子

*1.*小儿子一家人走后

昨天，小儿子一家人来了，今天晚上，又走了。

看着他们带着个那么小的孩子大晚上走，我心里特别不是滋味。

现在就算是放假也不能玩了，只在我这里住了一晚上就得回家。我感觉他们就像是在梦里来了一趟似的。

我等了那么久，他们终于来了。

等待过后，又开始了新的等待……

*2.*想念明花

三女儿明花一直说要来，可是到现在也没见人影。

每次来看我，她总是带着好多东西。

带那么多东西，不觉得沉吗？

不管什么时候，就算是空着手，什么也不带，就这么来看看我，就好了啊。

只要孩子能来看看我就足够了。

对做父母的来说，不管自己有什么，都想留给孩子。

我也是一样。

我没什么能送给孩子的，要是他们能带点儿我做的酱油和大酱回去，我的心里也会觉得舒服点儿。

来看看我吧。

3.写给遗忘爸爸祭日的明花

你们爸爸祭日那天，明花没来，我伤心极了。

我等啊，等啊，明花还是没来。

那句话说得没错："养女儿没用。"这孩子真是没良心啊！

虽然心里这么想，可毕竟是她爸爸的生日，我想她应该会来吧，我还是期待她能来。

其他的女儿都来了，只有明花没来。现在她好像是跟娘家慢慢疏远了，就算放了假，也不会带着孩子们来玩儿。不知道为什么，好像是要跟我断绝往来似的。连个电话也不打，就好像是去了遥远的异国他乡。

我本来就已经觉得很孤单了，现在又得了病，在我有生之年是多么希望你能常来看我啊。

可是你却不来。

我这个做母亲的是多么盼望你能来啊。

唉，你不会知道的。

4.孩子们

人的心真是奸诈啊。

孩子们的一句话，就能让我心中的那份凄凉渐渐消失，重新找到活下去的勇气。

可是，孩子们好像总是给我泼冷水。这让我感觉比受到别人的忽视还要恶毒千倍万倍。

5.秀斌的脾气

秀斌是我一手带大的。

我特别疼爱秀斌，小的时候一直背着他，可是现在秀斌长大了，不爱跟我说话了。我每次问他话，他总是没好气地回答我，我伤心极了。

孩子从小建立起来的感情一般都忘不了，秀斌每次冲我没好气的时候，我就觉得心里特别难受。今天晚上很晚了秀斌还没回来，我特别担心，可是秀斌回来后却发脾气说："我早晚都会回来的，不用瞎担心我。"

我的心里真不是滋味啊。

6.仁城惹我伤心了

我们家仁城上小学的时候特别听我的话，经常陪我聊天。有很长一段时间，他还经常给我端尿盆。

我这个当奶奶的真是特别感谢他能对我这么好，不知不觉间，泪水已挡住了视线。可是最近，他对我的态度渐渐不好了，不再像以前那么体贴了。我感觉身边什么都没有了。

我的心里满满的全是凄凉，只能遥望着远处的山当做一种乐趣。

7.女婿缺席的生日

这次过生日的那天，尚敏爸爸没来，我心里特别不是滋味。我特别奇怪他为什么没有来。是有什么烦心事儿吗？是因为我的女儿缺乏教养吗？还是因为她没有好好孝顺自己的公公婆婆？我有种无地自容的感觉。

可是，我只能生孩子的身，却管不了孩子的心。真没想到女婿会变得这么快。我的心里早已是乌云密布。

没教育好自己的孩子，我简直是无地自容。生女儿的人，不管什么时候都是罪人。女人嫁到婆家后，就得忍了再忍。

大概是我上辈子造孽太多了吧！

我的五个兄弟姐妹们

*1.*四妹顺任

可怜的顺任啊。

妈妈很早就去世了，顺任从小时候就没能在妈妈面前撒过娇，就这么孤苦伶仃地长大了。顺玉姐出嫁后，她更是没了可以依靠的人。

想起那些弟弟妹妹，我到现在还觉得很难受。我这个当姐姐的没能好好照顾他们，这将会是我一生的遗憾。顺任是个善良温柔的姑娘，可能是老天爷都想帮她吧，后来她遇到了一个好丈夫，得到了很多疼爱。

*2.*细心体贴的小弟

我们家顺武心思很细密，是个实实在在的好人。

现在每当想起当初大妹夫葬礼的时候，我都觉得很对不住他。阴历八月初五举行了葬礼，天气那么冷。他受了很多苦吧?

办完葬礼后不久，坟墓周围就种上了檀香树和金达莱花，整整齐齐的。我特别感动，泪如泉涌。顺武总是这么细心体贴，让我觉得心里暖暖的，温暖了很久很久。

可是，我却没能尽到自己该尽的义务，真是觉得脸红啊。

3.住在新村的妹妹

住在新村的妹妹（三妹妹顺玉）一直把我当妈妈看待，可是，我却没能明白妹妹的心。

她每次来看我，总是带很多东西。她身体虽然不怎么好，但每个月都要来看我一次。在我心里，她成了我的支柱和依靠。有了她，心里踏实了很多。

4.顺任的心里话

我去了一趟家在上岛洞的小妹顺任家。现在她家正在盖新房，生活好像很拮据的样子。我这个当姐姐的也没能帮她一把，心里很不是滋味。

我给小妹添了不少麻烦。我们家盖房子的时候还是她给做的门板。每次来一趟，都要给我带一大包东西。

顺任啊，对不起！要是你姐夫还活着的话，我也能稍微报答一下你，抚慰一下你那郁闷的心，真是遗憾啊！人活着如果不知道报答恩情的话，就连禽兽都不如了。我没脸见妹夫了，真是羞愧啊！顺任呐，姐姐对不住你啊！

5.住在朱安的妹妹来访

今天住在朱安的二妹（顺廊）来了。

我特别开心。二妹来了后，我们和和气气地聊天，又重新感受到了那份情谊，时间过得真快啊。我整天一个人待在这间小房子里，没有人陪我说话。二妹来后，我的心里又一次燃起了活下去的希望。

一整天，我连个小蚂蚁都见不到。我又不能一个人走路，真是孤独啊！成天就像是松鼠遛筛子边儿似的在厨房、客厅、院子、地下室之间来来回回。真是郁闷啊！

6.健康体操

顺武来了一趟，给仁城买来了生日蛋糕，仁城高兴得不得了。

我也很开心。

顺武经常来看我，给我温暖，帮我鼓足勇气面对生活。今天还教给我做健康体操。

睡不着觉的时候，得做做试试。

7.弟弟的背影

三弟顺馆来了一趟，说是要马上走，连顿热乎饭都没吃上。就这么把他送走了，我的心里可真不是滋味啊。天气那么冷，他还给我带来了那么重的一袋橡子面，肯定受了不少苦吧。弟弟的脸很粗糙，好像是比以前更老了，我这个当姐姐的真心疼啊。

8.空手送走他们的心情

住在上岛洞的四妹顺任和秀然来了一趟。

秀然现在也变得更漂亮了，我都认不出来了。这次也给我带来了很多东西。可是不管谁来我们家，走的时候都是空着手走的。

四妹的心就像菩萨一样，就像绸缎一样。就算有伤心事儿也不形于色，眉头都不会皱一下。小时候就没了妈，可怜兮兮地长大了。

四妹性格很好，没有什么贪心杂念，是个善良的人。正因为这样，我才觉得她更可怜。

我们家的故事 5

2008年7月19日，独自一人生活在乡下家中的妈妈开冰箱门的时候摔倒了，髋关节骨折。我们当天就把她送到医院做了手术，可还是没能恢复，后来又转到了疗养院待了4个月，然后就把她带回了首尔的家中。从那时候开始，每天都要请4个小时的护工。我们4个女儿和弟媳轮流每周看护她两天。

因为脑梗塞，妈妈的四肢已经不能动弹，我们得喂她吃饭，给她接大小便。她本身就很爱干净，每次这样，她都觉得很痛苦，叹气说："我怎么还不赶紧死呢！"

这样的日子，一直持续了两年零8个月。对于妈妈和我们来说，这都是一段艰难的岁月。妈妈受了一辈子苦，我们这些做儿女的就把这最后的日子当成是孝顺她的机会，竭尽所能地侍奉她。

2011年3月31日，妈妈离开了人世。我们把她葬在了她的故乡江华郡河　面的山上，跟爸爸的坟墓合葬在了一起。

长孙仁城买来的福笊篱

妈妈经常做的艾蒿糖饽饽和
（用整个萝卜腌制的）泡菜

即将离世的妈妈

最近几天一直在下雨，不能下地干活，只能闷在家里。

一到晚上，我就跟妈妈并排躺着聊天。

“我死后，把我安葬完，一定要记得去给那些来帮忙的人谢礼。”妈妈开口说，“举行葬礼的时候，不要给我撤去棺材（裸葬）。”她还嘱咐我说：“以后你要好好照顾你的弟弟妹妹们，好好相处。”

我用手搂住妈妈的肩膀，对着妈妈的耳朵，大声告诉她不要担心。就算她什么也不说，等她离开后，我也会看着好好处理这些事情的。

最近她身体很不好，好像时时刻刻都在做着离开的准备。首尔家里的衣柜抽屉里都整理得很干净利索，乡下家里的被子也少了很多，被妈妈送人了。我知道，她这是在做迎接死亡的准备。

想到这里，我心里就特别特别疼，不忍放开睡梦中妈妈的手。看着妈妈，我知道我也应该好好准备一些事情了。看着周围，所有的东西妈妈都很爱惜地用着，但那些其实都是些旧了坏了的该丢弃的东西。

“学会放弃，才能过得开心。”我忽然想起了朴景丽老师的这句话。

陪着妈妈睡了两晚上，现在要走了，心里觉得很沉重。

我得赶在高峰期前出发，于是开始准备动身。妈妈跟着我走出了院子。又阴天了，我怕下雨，就让她赶紧进屋里去了。

我坐上车，启动了车子。可是不知道为什么，我总觉得不放心，又从车上下来嘱咐妈妈，阴天千万不要去地里。她像个孩子似的点了点头。

可是，她突然就像是精神昏迷似的，身子晃动了一下。我赶紧搀扶着她进屋。

她又把大便拉到裤子里了。最近总是这样。

我赶紧把她搀扶到厕所，给她脱下衣服洗了洗。我是她女儿，她还是觉得害羞，还一直死死地拉着裤子不放。好不容易给她脱下了衣服，洗完后想把她扶到屋里。可是，我自己的力气根本就不够，于是就拿来电热毯铺在地上，让妈妈坐在上面，然后就这么把她一直从厕所拉到了卧室。她躺下之后，我又回到厕所去洗她脱下来的脏衣服。

看着妈妈的这些衣服，我的眼泪一下子就涌了出来。

妈妈的内衣就像是抹布一样。那曾经是我丈夫穿过的内衣，记得当初我拿到乡下来是想让她当抹布用的，没想到她换上一条松紧带，自己就当内衣穿了。我丈夫穿过的旧汗衫她也穿着，汗衫太大，一直垂到了她的腰间。我呆坐在那里，看着妈妈穿过的抹布内衣，失声痛哭。

她总是说，自己都是将死之人，穿新衣服也没什么用，弄得又脏又旧的干什么。孩子们给她买的新衣服她都放在箱子里，叠得整整齐齐，说是要送给别人，而她自己只穿旧衣服。以前，妈妈为了我们这些孩子一件新衣服也没买过，现在我们的生活状况好了，能给她买好衣服穿了，可是她却不穿。

她怎么就不知道，她越是不穿新衣服，我们这些做儿女的心里就越难受呢?

妈妈睡着了。我抓住她的手，不忍放开。她的手指都有棱角了。她总是不停地干活儿，一刻也不休息，手指甲根本就没时间长长，再加上本来年纪就大了，手指甲长的速度就更慢了。拿我的手跟她的手一比，我的手看上去有光泽，还圆鼓鼓的。

妈妈睡得很香。

我在她旁边坐了一会儿，眼圈不由得就红了，真想就赶紧离开，不让妈妈看见我伤心。

小妹夫妻来了以后，我嘱咐他们一定要照顾好妈妈。中午时分，我才依依不舍地离开。

那天晚上，妹妹来电话说，妈妈吃了很多饭，也不腹泻了，跟我说一声，好让我也高兴高兴。然后问我，妈妈就是不愿意来首尔住，应该怎么办。

“必须把她带到首尔来！要是她说不来，那你就跟妹夫把她硬拉上车带来！”

我嘱咐了好几遍才挂断电话。

可是最终，妹妹还是没能把妈妈带来。整整三天，妹妹一直在劝她，可是她像是要哭了一样，只说不想去首尔。无奈之下，妹妹只能把她留在乡下，打算自己先回来。她电话里跟我说，妈妈答应再过几天就回首尔，因为她要把菜豆都摘了，还要把玉米也都摘了。

当时，小弟已经打电话说三四个小时后就能到妈妈家，于是小妹就把妈妈一个人留在家里，自己返回首尔了。

可是就是这三四个小时的工夫，出事儿了。自己一个人在家的妈妈开冰箱门的时候摔倒了，碰到水池角上去了，髋关节骨折。伤得那么重，妈妈还是嘱咐弟弟不要告诉我们。

我当初再三嘱咐妹妹一定要把她带回首尔，可是妈妈却固执己见，不愿意来，最后成了这个样子，受了伤。

妈妈害怕我担心，还说：“我对不住你姐姐，还能怎么办！”

2008年7月19日，我们把妈妈送到了首尔的一家大医院。可是，就算是大医院，也没有治疗的好办法。要是做手术，必须要忍受全身麻醉的痛苦，可是妈妈作为一个高龄老人，要是全身麻醉，体力就会大大下降。可是要是不做手术，骨折的骨头碎片就会在身体里面转动，引起难以忍受的疼痛。我和弟弟妹妹们商量了好几天，最终也没商量出什么结果。可是，决定总是要下的，后来我们咬咬牙，决定给妈妈做这个手术。

做完手术后，妈妈在医院整整躺了两年零8个多月。

一直到现在，我还经常想起出事前我去一东的那天。妈妈趁着雨停的间隙就去地里插芝麻秧了，那是妈妈最后一次做农活的模样。

侍奉着年老的父母，大概所有的子女心情都一样吧。可是我看着身体一日不如一日的妈妈，便不再期盼她能多活一些时日了。我只希望，在她活着的时候，能够舒舒服服的，直到那一天的到来，像熄灭的蜡烛一样，安静地离开这个人世。可是，妈妈还是受了很多苦。

每当想起受苦的妈妈，我的心里就有一种难以忍受的疼，像是一把匕首插在心脏上一样。

秋天的庭院

妈妈病倒以后，我一直在医院照顾她。两个月过去了，突然想起了乡下家里的那些农作物。那段时间一直没时间管它们，一想到妈妈辛辛苦苦种的农作物就要这么荒废了，心里很难受，就赶紧回到了乡下。

其实，出发前我一直在想，妈妈都不在那儿了，我还去干什么。我自己都很害怕，怕自己忍受不了那种伤心。

从首尔去乡下大概花了一个多小时。两个月不见，那里简直就跟荒废了一样。篱笆下种的南瓜藤蔓都伸到了院子里，辣椒就跟病了似的都腐烂了，枯萎的黄瓜藤上挂着好多老了的黄瓜。菜豆也烂掉了，老了的南瓜挂在枯萎的藤蔓上，毫无遮掩。绿豆和红豆的豆荚已经裂开，里面什么都没有，就这么干巴巴地挂在那里。

妈妈辛辛苦苦种的粮食就这么荒废了，悲伤如同泉水一样涌上心头。妈妈住在首尔，但是，经过地瓜地时，我看到了她；经过芝麻地时，我看到了她；经过后面的篱笆时，我也看到了她。

处处都是妈妈的身影。

打开门，进到家里面，一股发霉的气味扑鼻而来。看到妈妈摸旧了的东西和穿过的衣服，我一下子就大哭起来。我把头深深埋在挂在墙上粘着土的裤子里，哽咽着哭了出来。跟我一起去的二妹眼睛发红，也哭了。

想起了每次都做好菜等我们回去的妈妈，想起了一直让我们“多吃点，多吃点”的妈妈，想起了田间垄沟里像是芍药花一样笑着说“呀，你怎么来了”的妈妈……

看到家里的角角落落，满满的都是伤心的痕迹。

冰箱的冷藏室里放着我们买给她的鸡肉和猪肉，还有她给我们做的饺子、大米面、海鲜。看到这些东西，我的心里都在滴血，很疼很疼。还有那没舍得穿的新衣服，生日那天侄子买来的乳液至今也没拆开。这一切的一切，都是我心中无法忍受的痛。

我和妹妹一起到地里去，把剩下的豇豆、红豆、绿豆的豆荚摘下来，又摘了末茬的几个南瓜，一篮子芝麻叶。玉米摆在地上，被妈妈剥了皮，现在已经干了，足足有500多个。她好像也知道，今年是自己最后一次做农活了，所以才种了这么多。

估计到下周，熟透了的栗子就该摘了，地瓜也该刨了。我和妹妹合计着看护妈妈的日子，心里想着，我们还是要来这里的。

打扫完了卫生，把带来的东西稍微整理了一下，我们出门了。

站在院子里，心头空荡荡的。

妈妈不在家，院子也空荡荡的，不知不觉间，已经长满了杂草。

晚上到了很晚，我突然很想念妈妈，就没回家，拖着疲惫的身体去了医院。进了病房，走到身体日渐衰弱的妈妈身边说："妈！我从一东回来了！红豆和绿豆都很好。我还摘来了很多辣椒呢。"我说着说着，妈妈就睁开了眼睛，然后开心地拍着我的背。拍着拍着，就笑出了声。

她该是多么想念那里啊！

我把妈妈搂在怀里，母女两个都哭了。

没有了妈妈，那个空空的庭院，那个"秋天的庭院"，将永远永远记在我的心中。

啊，我的妈妈

妈妈已经卧病在床快10个月了。刚开始，医生说她最多还能活6个月。可是，她现在精神状态比以前好多了，虽然有时候还是前言不搭后语，但有时候说话还是很好，这让我们都感到特别吃惊。

几天前，外孙小两口带着刚出生百天的曾孙子来了。妈妈想摸摸孩子，可是孙媳妇却不乐意，妈妈一听，赶忙跟孙媳妇道歉。孙媳妇觉得不妥，又说没关系。妈妈听后才敢轻轻地捏了捏孩子的脚，看她的样子，高兴得不得了。

有一次，妈妈忽然问："洪荣女是谁啊？是哪个倒霉鬼？"大家都笑了。她觉得自己光让孩子受苦了，觉得自己是个倒霉鬼。笑着笑着，感觉鼻梁酸楚楚的。

弟媳和我们4个姐妹轮流去医院照顾妈妈，给她做好吃的，喂她吃半碗多米饭。为了让她活动胳膊，我们还在屋顶上挂上了气球，然后把苍蝇拍放到她手里，让她打10下气球。可是，她只打了一下就把苍蝇拍扔了，说："我要是有这个时间去打气球，还不如去种上10棵白菜呢！"

有时候，她白天睡了觉，晚上就不睡了。我也就只能陪着她眼睁睁地熬一个晚上。她总是跟我说话，我就得回答才行。

我累得腰疼，于是就拿来毯子铺在地上。躺下刚睡着，就听见妈妈大喊："石桥啊（石桥是我大儿子的名字）！"

我实在是太累了，拖着疲惫的身体站起来，朝妈妈看了一眼。妈妈跟我四目相对，就像是个天真的孩子似的，开心地笑了。我搂着妈妈，说："妈，有你在真好！"妈妈说："你们就是妈妈的全部！"

啊，妈妈……

我把头深深地埋在妈妈的胸口，泪水浸湿了她的衣襟。

记得有一天喂妈妈吃午饭的时候，我把勺子直接放在她的手里，让她自己舀饭吃。她的胳膊很不灵活，转了个圈，终于把勺子放进了嘴里。把勺子放在嘴里的那一瞬间，弟弟大声说："哎呀，我妈会健康长寿的！"大家都笑了。

妈妈从来不用左胳膊，因为她左胳膊和左腿，甚至包括舌头都已经僵硬了。吃饭也得跟个孩子似的让别人喂着吃。每隔一段时间就得换尿布。就算是这样，还能动动胳膊，真是万幸啊。

她吃了一碗米饭，喝了一碗牛肉海带汤，然后说："上帝啊，谢谢你。我就算现在死了，也没什么遗憾了。"妈妈不信宗教，可是现在却经常说一些感谢上帝的话。

有一天，妈妈突然大哭起来，说："我真是太对不起你们了！让你们受了那么多苦。我怎么还不赶紧死呢？"

我赶紧把她搂在怀里，就像是哄小孩子睡觉一样，慢慢拍打着她。

我喊"妈"的时候，她就用温暖的手拉着我。

妈妈走后，手里还留着她手的温度，来抚慰我对她的思念。

难道因为他们做得不好，就要抛弃他们吗

我是6个孩子中的老大。下面有两个弟弟、三个妹妹。虽然我们6个兄弟姐妹都分开生活，但是每个月都会一起出去旅行一次，或者一起去爬山。别人都很羡慕我们之间的关系。可是，都是人，怎么可能不吵架呢。我们6个人之间也会有过节儿，很多时候也会吵架。

有时候是我这个做姐姐的做得不对，有时候是弟弟妹妹们做得不对。

他们5个人之间也会有误会，会吵架。

有一次，我们姐妹4个人聚在一起看了场电影，又吃了午饭。吃饭的时候，我看到小妹的项链没有光泽了。那条项链是我跟她一起去商店买的，记得那时候还闪闪发光的，现在竟然没什么光泽了。于是我就随便问了一句："妹，你那条项链怎么没光

泽了呢？”当时也没怎么样，可是几天后，我去一东看望妈妈的时候，妈妈责备我说：“你干吗跟你小妹说那样的话？项链有没有光泽跟你有什么关系，干吗要多嘴？”

我当时只是无心问了一句而已，并没有什么坏心，至于跟妈妈告状吗！为这件事，我特别生气，心里很不痛快。

可是后来我又想了想，其实妹妹那样做也不算过分。换位思考的话，要是别人说我身上戴的东西如何如何的话，我也会不高兴的。

就像这样，我经常被弟弟妹妹们误会。我本意没什么坏心，可是双方却总是闹情绪，弄得大家心里都不痛快。在我看来，我以为我做得很好了，没想到最后却是这样一种结果，我也不自觉地会跑去跟妈妈哭诉。每当这时候，妈妈总是说：“你是老大，就得多听数落，多让着点弟弟妹妹们。难道因为他们做得不对，就不要他们了吗？”虽然听妈妈这么说我还是很伤心，但是这句话真的没错。

就算有天大的错误，我们仍是一奶同胞的兄弟姐妹，既然如此，就应该互相包容，互相理解。

三年间，妈妈一直卧病在床。三年了，我们兄弟姐妹之间怎么可能从来不吵架呢？我们这些做女儿的年纪也都大了，身体也是一天不如一天。再加上我和三个妹妹一来看望妈妈就得待上两天一夜，家里的丈夫就得自己做饭吃。每周都要来首尔照顾妈妈，大家身心都很疲惫。最终，有人提议要把妈妈送到疗养院去。可是，我们怎么能忍心把她送到疗养院去呢？

疗养院每个房间都有5到6个病人，一个房间只有一名护工。

像妈妈这种情况，每隔一段时间就得换尿布，吃饭也得让别人喂着吃。她的舌头已经僵硬了，吃半碗米饭就得花一个小时。不仅如此，她不能一直躺着不动，最可怕的就是褥疮。如果这一个小时是朝左边躺的，下一个小时就得朝右边躺。护工总不能一直围着我妈妈转啊。

兄弟姐妹中有的说要把妈妈送到疗养院，有的说绝对不同意把妈妈送到疗养院。我作为长女，必须做最后的决定。

“俗话说，久病床前无孝子。该是有多么的辛苦，才会说出这样的话啊？我知道你们都很累，我也很累。咱们再坚持3年，到时候再决定吧！”

还好，弟弟妹妹们最终转变了想法，听从了我的建议。

妈妈在床上躺了两年零8个月就去世了。

火化前，敛尸的师傅跟我们说：“最后跟你们的母亲说句话吧！”我们兄妹6个手拉着手在妈妈的尸体面前立下誓言：“妈，不要担心我们。我们一定会好好相处的。”

三虞祭的那天，小弟在妈妈的坟前说：

“就算是吵了架也还得见面啊！吵吵架就不见面了行吗？”

弟弟说，就算妈妈没了，我们也要经常见面才行。

当初，虽然妈妈卧病在床，但还是能让我们6个人经常聚在一起，妈妈走后，我这个当大姐的就该承担起这份重任了。

我想像老母鸡抱着小鸡那样，对弟弟妹妹们好一些，可是我的胸膛不够大，还有些轻“躁狂”，以后，也许弟弟妹妹们就要担当哥哥姐姐的角色了吧。

可是有一点我很清楚，那就是，不管发生什么事儿，就像妈妈说的那样：“难道因为他们做得不对，就不要他们了吗？”

我不会让这种事发生的。

金达莱花开时，妈妈离开了我们

一大清早，我就被妈妈的哭声惊醒了。

揉着睡意蒙眬的眼睛，去床边看妈妈是怎么了。

“妈，你怎么哭了？”

“我该怎么办啊！”

“什么怎么办？”

“看来我今年也死不了了。我把你们都连累了，怎么办啊？这都是什么事儿啊！”

我把妈妈搂在怀里。

“没事儿，妈！有妈妈在，我们都觉得很幸福！”

妈妈摇头。

“妈，我们都很爱你。你什么都不用担心。”

她一直哭个不停。于是，我把从院子里摘来的熟柿子拿来，用勺子喂给她吃。

妈妈吃了柿子就不哭了，突然说：

“给你爸爸送一个去！”

“妈，爸不是早就死了吗！”

她安静地坐了一会儿，又生气地说：

“谁说死了？他倒痛快，自己早早地就去享福了！哪有这么早就丢下自己的妻儿老小走的啊！”

虽然妈妈是在抱怨爸爸，但是，我感觉得到话语中满是对爸爸的想念。

爸爸去世以后，妈妈在日记中这样写道：

寒冬之夜飘落的雪花，是我对你的问候。

我独自一人坐在窗下，

询问现在是否健康，是否安眠，

那是我对你的问候。

她吃完了一个柿子，可能是因为药物的作用，就睡着了。

我想找双鞋子穿，就打开了妈妈的鞋柜。妈妈的平跟鞋上布满了灰尘。我把灰尘擦去，放回了原处。

我想，也许以后妈妈再也穿不着这些鞋子了。

打开门，走到了院子里。

昨夜下了雨，院子里落满了柿子树叶。

本来想用扫帚打扫一下，却又停了下来。

因为不忍……

去年春天，就是在那棵柿子树下，我们兄妹6个聚在一起熬酱油，烤肉吃。妹妹开玩笑，把大家都逗乐了，妈妈也开心地笑了。我好像又听到了那熟悉的笑声，可是环顾四周，什么人也没有。

一只无处可去的猫，在我面前闪了过去。

在我还来不及反应的时候，岁月就已经匆匆地走过。在变故和死亡面前，我还是一如既往地惊慌失措，适应不了离别。我只能用那满是老年斑的手背，去擦掉爬满鱼尾纹的眼角那噙满的泪水。

庭院里，爸爸做的那张粗重的木椅，好像还留有余温。

看护妈妈两天以后，我向妈妈告别：

“妈，我还会再来看你的！”

“嗯，好，从我口袋里拿点儿钱，给石桥的爸爸买点儿东西带走吧！”

妈妈的精神时好时坏。在她的记忆里，我还经常是她那个生活艰难的女儿。

“天气变冷了，你找到房子了吗？”

“几顿没吃饭了？”

妈妈为什么记得的都是我当初生活不容易的那些日子呢？我是妈妈这一辈子心中的痛啊。

回首走过的路，生活的角角落落都满是泪水的痕迹。妈妈看着我，流下了多少泪水啊！

给她掖好被子，走出家门，心里有种难以忍受的疼。

比起心里的疼痛来说，身体的疲惫，又算得了什么？

3月31日下午1点55分，妈妈在卧病在床两年零8个月后，永远地离开了我们。

那天早晨，弟弟着急地打来电话，让我赶紧回家。我赶忙坐上出租车去了地铁站。我担心急了，坐立不安。

难道这就是所谓的命运吗！

我坐在地铁里，双手紧紧地抱在一起，祈祷着。

“妈！你一定要等我啊！你一定要等女儿来啊！”

坐在我旁边的人都用一种奇怪的眼神看着我。我流着眼泪默默地祈祷啊，祈祷啊。我害怕在妈妈临终前都不能见她最后一面。我心急火燎，想让地铁赶紧到站，可地铁却像是乌龟走路一样，慢得要命。

妈妈住的医院是在石溪站。我在石溪站下了地铁，都不知道我是怎么下的楼梯。对面胡同的信号灯还没亮，我就跑着穿过了马路。在医院等电梯的时候，急得更是直跺脚。

急急忙忙跑到妈妈的病房进去一看，大家都围在妈妈身边。我一进去就对着妈妈喊：“妈！我来了！庆花来了！”

啊……

妈妈艰难地睁开了眼睛，发出了“啊……呃……”的声音。

这是妈妈临终前给我最后的回答。

当时，她的鼻子和嘴上插着很多管子，舌头已经僵硬得一句话也说不出来了。

我紧紧抓住了妈妈的手，哭着说："妈，现在已经是春天了。花也开了。"

以前妈妈总是跟我说："我要是能在春天离开人世，那该有多好。"

妈妈的旁边放着测脉搏数、血压、含氧量、呼吸频率的机器。医生说，脉搏数一旦低于60，就得赶紧跟看护室联系。后来我才知道，每当妈妈艰难地睁开眼环顾四周的时候，妹妹就告诉她："妈，我大姐现在正在来的路上呢，一会儿就到了。"妹妹一说这句话，妈妈的脉搏数就会立马升上去。

已经到了四更了，她还在坚持着等女儿来。

她这一生，照顾着我们6个兄妹和女婿、儿媳，还有孙子们，还没照顾完，就去世了。终于摆脱了病痛的折磨，她看上去很安详。

2008年7月19日，妈妈因为摔断了髋关节的骨头，做了个大手术，后来死于脑梗塞。从她做手术到去世，一共是两年零8个月，受了那么长时间的苦。真不知道她当初身体该是有多么的痛啊！

记得有一天晚上，96岁高龄的妈妈晚上喊着："妈，我该怎么办！我疼……"

妈妈在找我已故的外婆。

我这个72岁的女儿当时束手无策，只能呆呆地看着。

“妈妈”这个称呼，依然是96岁的妈妈心中永远的思念。

附录：

妈妈1986年的日记

1986年1月2日

石桥来看我，说是要去军队了。

“外婆，我给您行礼了！”一边说，一边给我行礼磕头。我的眼泪止不住地流下来。我这个当外婆的从来没给过他零花钱，甚至连双袜子都没给他买过，都只是心里想想而已。就算再有心，要是不做的话，一点儿用也没有。只有有了钱，才能做自己想做的事儿。

庆花该有多伤心啊，真是太可怜了！

从小她就没对石桥娇生惯养过，在这寒冬腊月又要把他送到军队去，当妈的心里该是多么的痛苦啊。

我只能祈祷我的外孙能够健健康康地回来。今年冬天要是不那么冷该有多好啊！

1986年1月3日

春然来了一趟。我真是太高兴了。

可是，我身体不好，本来想给他做点儿好吃的，可也没能做，心里真过意不去啊。

看着他离去的背影，我的心里真不是个滋味。

1986年1月4日

仁赞和一林家夫妻两个人来看望我，我很开心。他们当天就回去了，还给了我两万元钱。我伸出手接过了钱，可是却没什么东西可以让他们带走。

真对不住他们。是我做得不够，心里真难受啊。

1986年1月6日

晶然来了一趟。

他给我买来了面包，我吃了一些，很好吃。他还给了我5万元钱。

我很吝啬，买鞋的时候总是买便宜货，现在他还给我钱，我心里真难过啊。

既然已经放假了，就该把孩子带来啊，怎么就自己一个人来了呢?

我心里真不是滋味啊。

1986年1月7日

艳花，对不起。

本来就挺闹心的，还要想着我这个得了病的妈妈，买回来一箱橘子，让我晚上再吃一顿。俗话说："久病床前无孝子。"每天早饭晚饭，你都要想着给我做什么好吃的菜，整天整天地照顾我，真是对不住你啊！

我的身体不舒服，每天都止不住地发脾气，真是对不起啊！

1986年1月9日

苗花来看我，住了三天就走了。

这孩子一走，家里一下子空了好多，心里面空落落的。

1986年1月10日

庆花每周都会来看我两三次。

与沈青（韩国一大孝女）相比，还是我的女儿更孝顺啊！

真是个心地善良的孩子。

1986年1月16日

艳花是个坚强而又可怜的女人。

照顾我这个病了的妈妈该有多辛苦啊！

这些我都明白，可还是老爱冲她发脾气。

对不起。

1986年1月17日

看来我真的是精神不正常了。

庆花说要给我买件毛衫，我当时怎么就没阻止她呢？本来生活就很辛苦了。对不起啊，我真是自己都觉得过意不去啊。

1986年1月20日

苗花和明花来了一趟。我心里特别高兴，开心得忘了身体的疼痛，忘了流逝的时间。

1986年1月21日

今天是石桥爸爸的生日。

尚敏爸爸和苗花邀请大家去徽庆洞（苗花家）玩儿，大家一致同意去。苗花家的冷炕没有生火，民桥就这么围着被子坐在上面。我打开米缸一看，里面一粒米都没有，看到这些我的心都快碎了。可是，我手里什么都没有。两只手擦着流下的眼泪，大晚上的就跑到煤店买了两块煤，又去米店买了一升米。我的心就像是被撕扯成了千块万块，很疼很疼。

苗花家买去的肉我该给她点儿钱的。我那聪慧的自尊心强的女儿怎么成了现在这个样子？

哭啊，哭啊，泪水肆意地流淌，可心里依然不是滋味。

1986年1月25日

就算别人对你说了不中听的话，也要悉心接受，不要乱传闲话。对待别人一定要温暖热情。如果你讨厌别人，别人也会讨厌你。好好爱别人，跟别人好好相处的话，自己也会有福气的。

1986年1月31日

仁城回去了。

小小年纪就得了病，让我心里真难受啊。希望他能健健康康、无病无灾地长大。天气这么冷，晶然也受了很多苦吧！

我总是担心这个受苦，担心那个受苦。

唉，又睡不着了。

1986年2月5日

过了这么久，庆花的大姑母来了。

买来了两只鸡，大家都吃得很香。

我都不能常去看她，真是对不住她啊。

1986年2月7日

庆花和苗花去京洞买来了年货。快到春节了，要做的事情很多。我身体又不舒服，对我来说这不是过节，而是忧心忡忡的日子。

1986年2月10日

腊月最后一天。

晶然一家人和春然一家人来了。仁城妈妈带来了肉饼、绿豆饼、明太鱼饼，还有豆腐饼。仁赞妈妈也买来了很多东西，还带着孩子来了。

家里突然热闹了很多。

两个儿媳妇受累了。

1986年2月12日

孩子们爸爸的祭日。

尚敏爸爸拿着祭酒来了。

住在新村的弟弟带来了5000块钱和水果。

感谢大家。

1986年2月17日

庆花本来就没钱，还买来了猪蹄。

好吃是好吃，可是看到庆花消瘦的模样，我哽咽了。

1986年2月21日

不知道为什么，今天我的心里特别不舒服。

心烦意乱，没有了活下去的欲望。

我让家里所有人都那么累，我到底该怎么办啊?

我怎么就得了这么个怪病?

不想再活下去了。

1986年3月3日

顺武来了，我很开心。

开心的同时，我的内心总是觉得很对不起他。回首往事，我从来没尽到过一个做姐姐的责任。弟弟小小年纪就没了妈，无依无靠，我都没能好好照顾他。

我的心久久不能平静，他连车费都没有了，还跑来春川看我，我却训了他一顿。

幸好现在依靠自己的力量慢慢长大了，看着他，我心里很开心，这孩了真行啊。他真是我们洪氏家族的骄傲啊。

1986年3月10日

今天我特别想念春然。

我明明知道他在忙工厂的事儿，可是还是望穿秋水地等他来。心里的想念就像是三伏暑热、嗓子冒烟一样。

如果我身体健康的话，早就跑去看他了，可是我根本就动弹不了，也只能在心里想想罢了。

1986年3月16日

住在上岛洞的妹妹来了。带来了很多水果和杂粮、肉、点心。就像是把商店里所有的东西都打包过来了一样。我这个当姐姐的没做好，只是一味地接受。虽然从小就没了妈，但幸运的是妹妹遇到了一个好丈夫。

我这个妹妹没什么野心，特别善良。

越是善良，越觉得她可怜。

1986年3月20日

睡不着觉，于是就把相册拿出来了。

有庆花上学时拍的照片，还有晶然学生时代的照片。看着春然过百天时的照片，真是太可爱了。看着年轻时的全家福，感觉就像是昨天发生的事情一样。

用手抚摸着这些照片，我禁不住想起那些过往的岁月，心里好疼。不知不觉间，泪水模糊了双眼，打湿了我的相册。

1986年4月28日

春然啊，对不起。

你每个月都会给我钱，我每次都拿着，我这个当妈的心里不好受啊，真是没脸见你了！

我什么忙也帮不上，只能给你增加负担，真是对不住你啊！

你才是真正靠自己的能力赤手空拳往前奔的孩子啊。

你让我去你家，我没去，你就生气了，可是你要知道，我是没脸见儿媳妇才不去的。你不明白我的心啊。

有哪个当妈的不愿意去孩子家的？每每想起仁赞和惠林那两个逗人的孩子，我恨不得立马飞过去。

可是，我作为你媳妇的婆婆，去了能帮她干什么呢？

春然啊，原谅妈妈吧！

1986年5月3日

石桥、民桥啊，好好心疼你们的妈妈吧！你们的妈妈真的是太坚强了！

你们的爸爸生活能力不强。

即便如此，你们的妈妈还是那么坚强地活着。你们的妈妈不管到什么时候，都一定会把日子过好的。

没有单独的学习室，也不要缠着妈妈要。

忍耐着现在的生活，好好学习吧！

1986年5月4日

听说每抽一根烟，人的寿命就会减少5分钟。

我真担心春然、尚敏的爸爸，还有一林的爸爸啊！

1986年5月6日

光表的新媳妇来了。

光表找了个好媳妇，心地善良，贤惠能干。

给我买来了水果，还给我钱。

没能给他们做顿热乎的饭吃，就这么让他们走了，我心里真是过意不去啊。

1986年5月10日

晚上跟孩子们好好聊了聊天。

心里觉得更加温暖了。

想想，虽说不那么孤单了，可是心还是像飘浮在空中的云彩一样。是因为我不像以前一样那么能干了吗？可能是因为过得太过清闲舒适，我总是苦闷，今天也是到凌晨4点还没睡着。

1986年5月20日

有那么多女儿真幸福！

要是当初我只生了一两个女儿该怎么办啊？幸好生了那么多孩子，现在才不会孤单。要不然我肯定会觉得孤独无助的。

人老了，得多说说话，才能战胜孤单。

几个女儿轮流来陪我说话，真幸福啊。

1986年6月16日

香淑来了。他每次来都花很多钱。那孩子重人情，心地善良，我很喜欢。我这个做姨妈的什么也没为他做，真是遗憾啊。他对我这个不中用的姨妈特别特别好。

他能来看我，让我觉得心里暖暖的。

谢谢。

1986年6月18日

院子里的玫瑰开了。

好不容易开了花，没有人看怎么能行呢？玫瑰在柿子树阴下生长着，虽然很是虚弱，但还是开花了，真是难能可贵啊。

1986年7月19日

仁赞终于来了一趟。前段时间我就急切地想见他了。

遗憾的是，惠林没来。

仁赞是个很重感情的孩子，很听我这个奶奶的话，说话也很好。以前我总觉得时间过得很无聊，但仁赞在的这一天，时间过得格外快。一想到今日一别，不知何时才能相见，我的心里就没着没落的。

1986年7月25日

庆花的小姑母来了。

小姑母也老了很多。

小姑母的性格很豁达，看着她老去的模样，我的心里很是难过。我们没法经常见面，她能来看我，我的心里特别感激，也特别开心。我应该经常让孩子们去看看她的，可是孩子们都很忙，我也只能是想想罢了。

小姑母的生日是3月18日。

1986年8月7日

仁城妈妈和庆花来了趟医院。因为我，大家都受累了。想想心里就觉得难过。

这个病要到什么时候啊?

我真是没脸见孩子们了。

要是活得久，至少身体应该健康才行啊。

我的心里总是空空的，孤独而又空虚，就像萧瑟秋天的落叶一样。

家谱

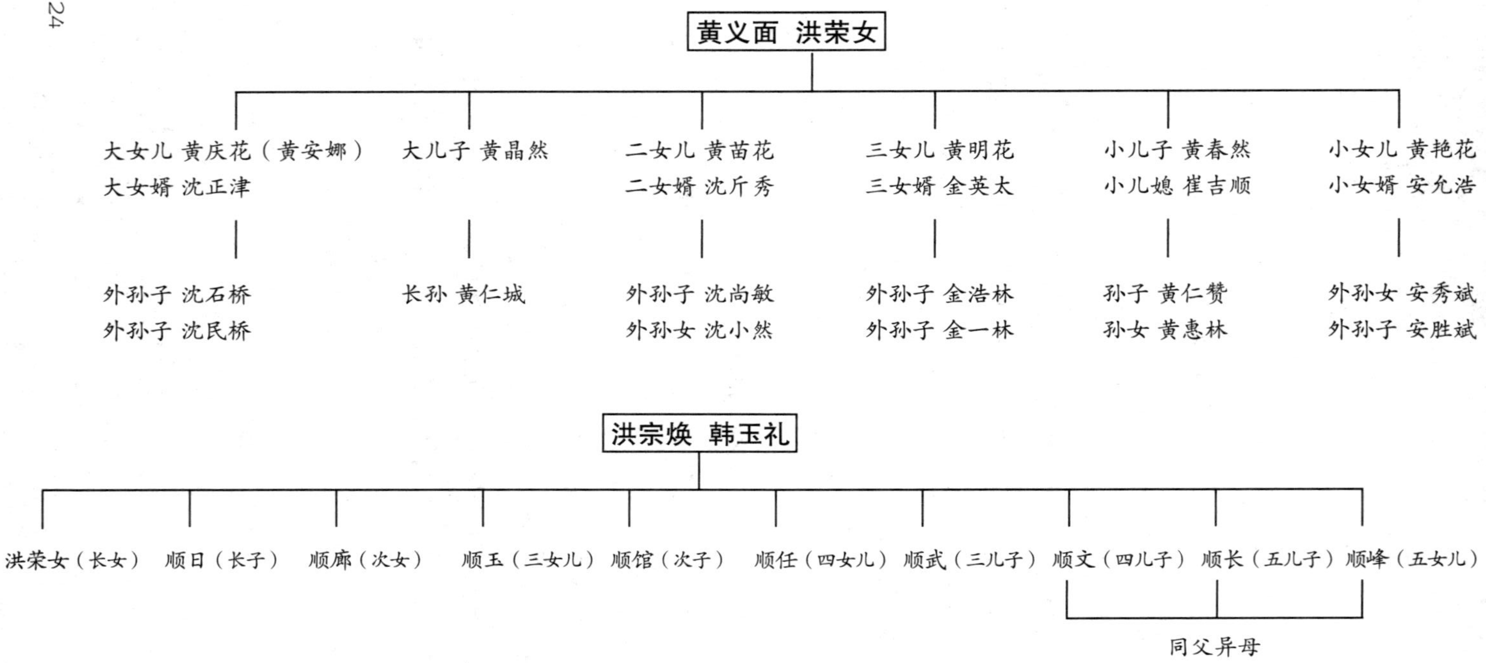

声明：本书初版内容中《金达莱》图为（韩）金正洙先生的作品。在没有经得他本人的同意下，我们误使用了该图片，对此表示深深歉意。并在此次重版中，将该图予以删除。